WILLIBALD SPATZ

Auf ins Allgäu

LIEBLINGSPLÄTZE
zum Entdecken

WILLIBALD SPATZ

Auf ins Allgäu

FÜR BERGFEXE UND BADENIXEN

KULTUR

GMEINER

Autor und Verlag haben alle Informationen mit größtmöglicher Sorgfalt geprüft. Gleichwohl sind Fehler nicht vollständig auszuschließen. Alle Angaben erfolgen ohne Gewähr. Bitte schreiben Sie uns! Über Ihre Rückmeldung zum Buch und über Verbesserungsvorschläge freuen sich Autor und Verlag: lieblingsplaetze@ gmeiner-verlag.de

Besuchen Sie uns im Internet:
www.gmeiner-verlag.de

© 2012 – Gmeiner-Verlag GmbH
Im Ehnried 5, 88605 Meßkirch
Telefon 07575/2095-0
info@gmeiner-verlag.de
Alle Rechte vorbehalten
Überarbeitete Neuauflage 2016

Lektorat / Redaktion: Claudia Reinert, Susanne Tachlinski; Dominika Sobecki
Umschlaggestaltung: Alexander Somogyi
unter Verwendung der Fotos von © lindavostrovska – istock.com und
© Sebastian Rothe – fotolia.de
Satz: Mirjam Hecht
Kartendesign: Matthias Schatz
Druck: AZ Druck, Kempten
Printed in Germany
ISBN 978-3-8392-1899-0

Eine Gegend, deren vielfältige Natur und Kultur

EINE GEGEND, DEREN VIELFÄLTIGE NATUR UND KULTUR MILLIONEN ANLOCKEN

Vorwort

Das Allgäu wächst. Alle wollen im Allgäu sein. Weil das Allgäu schön ist, eine ergreifende Natur hat, Berge, Badeseen. Man kann wandern im Sommer und snowboarden im Winter. Allgäuer Käse ist eine Delikatesse, die Kässpatzen sind der Klassiker in der vegetarischen Küche. Weltberühmt sind die Schlösser Ludwigs II. Wer das Allgäu kennen will, muss in dessen Herz vorstoßen. Der Allgäuer gilt als urig, originell, aber auch etwas verschlossen. Setzt man sich zu ihm, wird man aber schnell seine Gastfreundschaft genießen. Man bekommt von der Schönheit der Landschaft vorgeschwärmt und wird eingeladen, sie kennenzulernen. Dazu will auch dieses Buch verführen.

Im Lauf der Zeit verändern sich die eigenen Ansprüche. Früher wollte ich Ski fahren oder Wanderungen machen, die auf einen Gipfel führen. Ich wollte an Orte, wo man auch abends noch was erleben kann, Kultur, oder etwas Gutes trinken und essen. Solche Orte zählen weiterhin zu meinen Lieblingsplätzen und sie werden auf den folgenden Seiten ausgiebig empfohlen. Doch mittlerweile sind wir mit Kindern unterwegs, da hat man andere Präferenzen. Dieses Buch richtet sich nicht ausdrücklich an Familien, aber die meisten Lieblingsplätze kann man gut mit Kindern und sogar mit Kinderwagen ansteuern. Wo unsere Kleinen besonders begeistert waren, habe ich das einfließen lassen.

Der Großteil des Allgäus liegt nach seiner Aufteilung durch Napoleon zwischen 1803 und 1810 in Bayern, ein kleiner Teil befindet sich in Baden-Württemberg. Im bayerischen Landkreis *Oberallgäu* liegt die größte Stadt der Region: Kempten. Und die Berge, zum Beispiel der Grünten, der »Wächter des Allgäus«. Wir finden in Wertach, Bad Hindelang und Burgberg alte Bräuche wie das Klausentreiben, den Bärbeletag und die Funkenfeuer und Natureindrücke in der Breitachklamm oder im österreichischen, aber nur von deutscher Seite aus zu erreichenden Kleinwalsertal. Im *Westallgäu* sind die Städte Wangen, Isny und Lindau unsere Ziele. Aber auch der mächtige Eistobel. Das *Unterallgäu* bietet für den Kulturfreund Anlaufstellen: die Basilika von Ottobeuren, das Kartäuserkloster in Buxheim und den Zedernsaal in Kirchheim. Memmingen und Mindelheim sind gemütliche Städte mit Vergangenheit. Kabarett und Kino haben in Sontheim und Türkheim ihr Zuhause. Die touristischen Oberattraktionen des *Ostallgäus* sind die Königsschlösser in Schwangau. Doch auch hier gibt es mehr: herrliche Seen in Wald und Seeg, die Teufelsküche bei Obergünzburg und Kaufbeuren.

Große Hallenbäder sind nicht nur eine Alternative bei schlechtem Wetter, sondern auch ein Ausflugsziel. Dabei gibt es Thermen wie die in Bad Wörishofen, die mehr auf Wellness setzt, und Erlebnisbäder wie den Jordan Badepark in Nesselwang, der Familien lockt. Auf den Seiten, auf denen ich die Bäder vorstelle, finden Sie auch Zusatzinformationen zum jeweiligen Ort.

In jeder Region habe ich noch einen Künstler gefunden. Allen ist gemeinsam, dass sie fest im Allgäu verankert sind, aber darüber hinaus wirken. Sie sind auf ihre Art Allgäuer Persönlichkeiten und spiegeln in ihrem Schaffen die Menschen hier wider. Wer ihr Werk kennenlernt, der lernt auch das Wesen des Allgäus kennen. Ihre Kunst konnte nur hier im Allgäu entstehen, weil das Allgäu Teil von ihr wurde. Der in Kaufbeuren lebende Leo Hiemer drehte mit Klaus Gietinger den Allgäuer Kultfilm *Daheim sterben die Leut'*. Maxi Schafroth aus Ottobeuren ist deutschlandweit bekannt. Werner Specht aus Lindenberg ist nicht nur Maler, sondern auch Musiker. Auch Rainer von Vielen aus Kempten macht Musik, die sich nicht eingrenzen lässt: Hip-Hop, Electro, Punk, Volksmusik – ein fulminanter Stilmix.

Entdecken Sie das Allgäu in seiner Vielfalt. Kommen Sie allein, mit der Familie oder mit Freunden, und kommen Sie immer wieder.

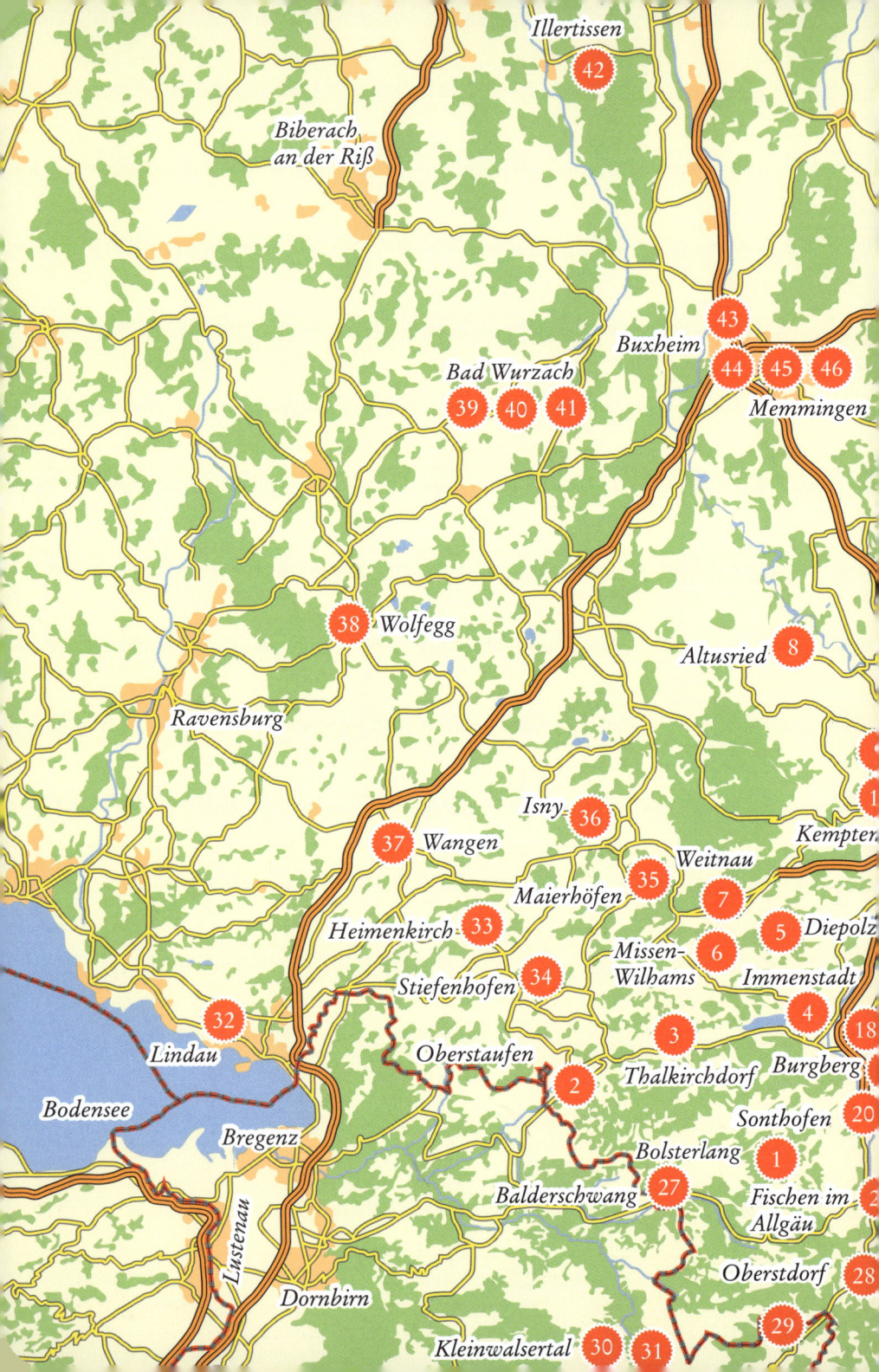

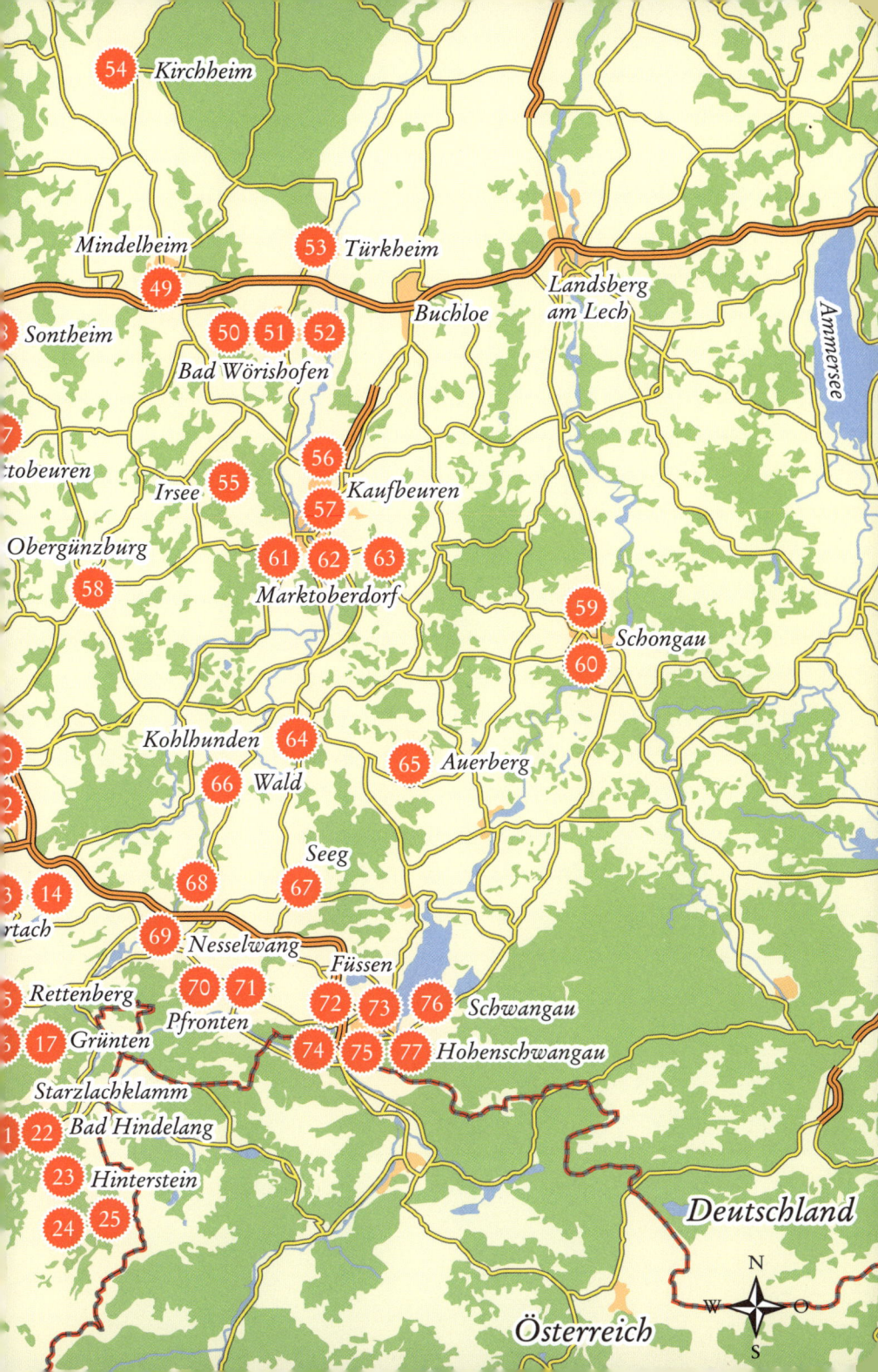

OBERALLGÄU

TOURISMUS HÖRNERDÖRFER GMBH /// AM ANGER 15 ///
87538 FISCHEN IM ALLGÄU /// 0 83 26 / 3 64 60 ///
WWW.HOERNERDOERFER.DE ///

DREI GIPFEL AN EINEM TAG
Die Hörnertour von Bolsterlang nach Ofterschwang

Johann Gottfried Seume (1763–1810) war ein fanatischer und legendärer Zu-Fuß-Geher. Er wanderte von Sachsen nach Sizilien und schrieb darüber sein bekanntestes Werk *Spaziergang nach Syrakus im Jahre 1802*. Ein militanter Spazierer, von ihm stammt die Aussage: »Ich bin der Meinung, dass alles besser gehen würde, wenn man mehr ginge. So wie man im Wagen sitzt, hat man sich sogleich einige Grade von der ursprünglichen Humanität entfernt. Fahren zeigt Ohnmacht, Gehen Kraft.« Und hat er nicht recht? Wie anders nimmt man die Landschaft wahr, wenn man sie sich erwandert. Wie anders fließen in einem die Gedanken. Man sieht klarer, man verlässt sein altes Ich und bricht zu einem neuen auf, wenn man zu Fuß unterwegs ist.

Mit einem Jahr lernt man das erste Mal das Gehen und als Kind von Wanderern einige Jahre später das zweite Mal – da lernt man die Lust am Wandern. Zu-Fuß-Geher mit Kleinkindern wissen, wie heikel das zweite Gehenlernen ist und wie schnell alles zerstört sein kann. Denn wenn die Kleinen die Lust am Wandern verlieren, dann verlieren sie sie oft für immer. Zum Beispiel weil der Weg zu anstrengend war oder auch zu langweilig. Hier gilt es, im wahrsten Sinne des Wortes, den goldenen Mittelweg zu finden, einen Kompromiss.

Es sticht schon ein wenig das Wandererherz, eine Bergbahn zu besteigen, nicht vom Tal aufzubrechen. Aber wenn man kleinen Kindern ein Gipfelerlebnis bescheren will, dann ist es manchmal eine gute Entscheidung, sich die ersten Höhenmeter tragen zu lassen. Wir starten mit der Hörnerbahn in Bolsterlang. Die Hörnertour ist ein traumhafter Panoramaweg, der gleich an der Bergstation beginnt. Wir schaffen da oben drei Gipfel, bis wir dann nach ein paar Stunden die Bergstation der Weltcup-Express-Bahn nach Ofterschwang erreichen. Ein herrlicher Ausflug. Die Kinder kommen wieder mit. Jawohl.

✍ Von Ofterschwang geht es dann mit dem Bus zurück nach Bolsterlang. Die Haltestelle ist idealerweise gleich neben der Eisdiele. Da gibt es die Belohnung.

BLAUES HAUS OBERSTAUFEN /// FREIBADWEG 2 ///
87534 OBERSTAUFEN /// 0 83 86 / 44 76 ///
WWW.BLAUESHAUS-OBERSTAUFEN.DE ///

DER TRAUM AUS DEM NORDEN
Oberstaufen – Das Blaue Haus

Oberstaufen ist ein Ort der Gegensätze oder zumindest ein Ort, an dem man auf Dinge trifft, die man im Allgäu nicht sofort vermutet hätte. Da wäre zum einen ein schlesischer Fuhrmannssohn, der einem überall entgegenkommt, und zum anderen kann man in einem skandinavischen Haus sitzen: dem Blauen Haus von Oberstaufen. Helen Strömberg ist aus dem Allgäu, aber sie hat eine Liebe zu – und aus – Skandinavien.

Sie und ihr Mann, ihre Liebe aus Skandinavien, kauften vor einigen Jahren ein verfallendes Gebäude im Jugendstil hinter dem Rathaus und richteten es liebevoll ein. Helen Strömbergs Bruder, Marc Hertlein, half dann, den Traum zu vollenden: Ein kleines Café mit einem Laden für Wohnaccessoires entstand und wartet seitdem auf Gäste, die sich im blauen Ambiente oder zwischen Blumen und Obstbäumen im Garten eine Auszeit gönnen. Und es dazu bei einem selbst gemachten Kuchen ein bisschen krachen lassen.

Denn verbringt man seine Zeit als Kurgast in Oberstaufen, vollzieht man meist eine Schrothkur. Die ist benannt nach dem wiederum »Semmeldoktor« genannten Johann Schroth. Er stammte aus Österreichisch-Schlesien und hat Oberstaufen ironischerweise nie gesehen. Als er jung war, hatte ihm ein Pferd das Knie kaputt geschlagen, er konnte sich selbst mit kalten Umschlägen heilen. Wie er so dasaß und seinem Knie beim Gesundwerden zuschaute, beobachtete er das Vieh auf der Weide: Wenn die Tiere krank waren, tranken und fraßen sie nur wenig, bewegten sich kaum und wurden wieder fit. Die Schrothkur war geboren: An ein paar Tagen wenig trinken, dann viel, dazu eine spezielle Diät und feuchte Wärme, denn »in feuchter Wärme gedeiht Holz, Frucht und Wein, selbst Fleisch und Bein«, behauptete Herr Schroth und fand überzeugte Anhänger, nicht nur in Oberstaufen.

Wer dagegen das Leben lieber in Ruhe und netter Gesellschaft bei feinem Kaffee und Kuchen genießt, für den ist das Blaue Haus die richtige Anlaufstelle.

✍ Wandertipp: Unbedingt die Buchenegger Wasserfälle von Steibis aus erwandern – ein imposantes Naturerlebnis mit Gumpen zum Reinspringen für Mutige.

NICHTS GEHT ÜBER DEN EIGENEN KÄSE

Thalkirchdorf – Käseschule

Das Allgäu ist ein Käseland. Allerorten gibt es Käsereien, die lokalen Käse verkaufen: auf dem Berg und mindestens in jedem zweiten Dorf. Keiner darf das Allgäu verlassen, ohne mindestens einmal Kässpatzen probiert zu haben. Käseherstellung selbst ist eine Kunst. Da gehört echtes Können dazu. In der Käseschule kann man sich aber auch als Laie mal dran versuchen.

Mein Besuch in der Käseschule fand im Rahmen eines Wandertags als Lehrer einer sechsten Klasse statt, und ich kann behaupten: Wir hatten einen Riesenspaß im Keller der Käseschule, obwohl draußen mindestens 30 Grad ins Freibad lockten. Jeder Teilnehmer setzt sich an einen Platz mit eigenem Kessel, bekommt etwas Milch, die er erst erwärmen muss. Dazu kommt eine geheimnisvolle Mischung namens Lab, die die Milch gerinnen lässt. Es handelt sich dabei um einen Enzymcocktail aus dem Labmagen von Rindern, der dort für die Gerinnung der Muttermilch sorgt und deren Verdauung überhaupt erst möglich macht. Man vermutet ja, dass die ersten Menschen, die Käse machten, Steinzeitjäger waren. Die entdeckten im Magen von frisch erbeuteten jungen Wiederkäuern, die gerade an der Mutter getrunken hatten, weißliche Klumpen – erster Käse. Bald nutzten sie die Mägen bewusst zur Aufbewahrung von Milch und merkten, dass die Milch darin fest und gleichzeitig haltbarer wurde. So begann alles. Inzwischen gibt es weltweit Tausende von Käsesorten. Lab wird weiterhin aus dem Magen von Kälbern gewonnen.

Unsere Käseproduktion ist nicht mehr so umständlich wie zur Steinzeit. In der Käseschule schneiden wir heute die geronnene Milch mit der Käse-Machete in kleine Stücke. Der so entstandene Käsebruch kann eineinhalb Stunden später in Form gepresst werden. Stolz tragen wir unseren ersten eigenen Käse nach Hause. Ein Bekannter, ein Lebensmitteltechnologe, testet meinen Käse am nächsten Tag und findet: fein. Man kann also ein bisschen käsen lernen an einem Tag in der Käseschule.

🖉   In Gehweite der Käseschule liegt das Thalkirchdorfer Freibad. Dort bekamen wir dann unsere Abkühlung, während die nächste Gruppe im Keller werkelte.

Östlich von Bühl, da wo der Kleine Alpsee heute ist, sagt man, habe früher die Stadt Konstanza gelegen. Ihre Bewohner waren reich, ihre Kühe gaben die beste Milch, sie machten den köstlichsten Käse der Welt. Der Wohlstand stieg ihnen zu Kopf. Sie pflasterten ihre Straßen und Kellerstiegen mit Käse und stellten einen riesigen Käselaib auf, vor dem sie Gottesdienst hielten. Da wurde es dem lieben Gott zu viel.

Er ließ die Stadt an einem Karfreitag im See versinken. Noch heute kann man angeblich bei gutem Wetter auf dem Grund des Sees die Zeichen der Zerstörung sehen. Gleich nebenan liegt der Große Alpsee, der größte Natursee im Allgäu – 2,4 Quadratkilometer Fläche besitzt er und eine Tiefe von 22 Metern. Man badete schon im 19. Jahrhundert gerne drin, bis 1890 war der Sprung ins kühlende Nass aber nur Männern erlaubt, bis 1925 existierten getrennte Badeanstalten für die Geschlechter. Auch um ihn ranken sich wilde Geschichten aus der Vergangenheit. Während des Dreißigjährigen Kriegs kamen die Schweden nach Immenstadt, die Bewohner versteckten sich in den Bergen, die Eindringlinge plünderten die Stadt. Ein Schwedenoberst griff sich einen Einheimischen und fragte ihn, wie man über den zugefrorenen See komme. Der gute Mann schickte ihn über einen Teil, der im Winter nie zufriert. Der Oberst und 14 seiner Leute ertranken an einer Stelle, die heute noch der *Schwedenbrunnen* heißt. Manchmal, nachts, kommen sie aus der Tiefe hervor, zünden ein Feuer an und singen scheußliche Lieder.

In Bühl, dem Ort an den Seen, befindet sich die Maria-Loreto-Wallfahrtskapelle. Der Graf Leopold Wilhelm und sein Vater Graf Hugo von Königsegg ließen sie und die neue St.-Stephans-Kirche von 1666 bis 1669 an der Stelle des alten Gotteshauses erbauen. Vorbild war eine Kapelle bei Ancona. Im 17. Jahrhundert pilgerten bis zu 30.000 Gläubige jedes Jahr zu ihr hin und trugen der Gottesmutter Maria ihre Anliegen vor.

✍ In der Alpsee-Bergwelt erwartet Abenteuerhungrige der größte Hochseilgarten Bayerns und die mit drei Kilometern längste Rodelbahn Deutschlands.

ALLGÄUER BERGBAUERNMUSEUM E. V. /// DIEPOLZ 44 ///
87509 IMMENSTADT-DIEPOLZ /// 0 83 20 / 70 96 70 ///
WWW.BERGBAUERNMUSEUM.DE ///

DAS ECHTE LEBEN IM MUSEUM
Diepolz – Bergbauernmuseum

In unserer Erinnerung sind die Dinge golden und gut. Unsere Gehirne sind Meister darin, das Schlechte zu verdrängen und das Gute zu konservieren. Daher ist es so schwer, das Alte zu bewahren. Obwohl man dasselbe vor Augen hat, kommt es einem auf einmal nicht mehr so wunderbar vor, wie es einst gewesen zu sein schien. In Diepolz gab es die ideale Dorfwirtschaft, so wie man sie sich nur vorstellen will: die Traube.

Die Traube musste schließen, der Landkreis Oberallgäu kaufte das Gebäude. Der Kreisjugendring betreibt dort nun ein Jugendtagungshaus. Das hat vor Ort einige teilweise heftige Diskussionen hervorgerufen. Wenigstens wird nebenan im Bergbauernmuseum, einer der Hauptattraktionen des gesamten Allgäus, seit 2003 die Vergangenheit aktiv lebendig gehalten.

Bayern ist ein Bauernland, aber die Bauern haben es nicht leicht. Versuchen sie mit der Produktion von Lebensmitteln zu überleben, gehen sie unsubventioniert pleite. Der Ausweg ist die Intensivierung der Landwirtschaft, was aber die genutzten Flächen zerstört. Weil aber Bayerns höchstes materielles Gut die Landschaft ist, erkennt man auch hier, dass die Landwirte die besten Landschaftspfleger sind. Was also im Bergbauernmuseum ausgestellt wird, ist eine Form der Landwirtschaft, die auch heute gut wäre: Bergbauern betreiben Milchviehwirtschaft und erhalten gleichzeitig die Bergwelt. Auf dem Gelände des Museums gibt es einen bewirtschafteten Bauernhof, auf dem die Kinder mit Schafen und Hühnern in Kontakt kommen. Überhaupt ist das Bergbauernmuseum so erfolgreich, weil es so gut aufbereitet ist für die Kinder. Die können sich austoben im Heustadel oder auf zwei Abenteuerspielplätzen, beim Kochen auf einem alten Herd zuschauen, das Melken an einer Plastikkuh üben und vieles mehr. Und die Großen freuen sich über den Ausblick auf die Allgäuer Alpen und das Verweilen in einer Welt, die ist, wie sie einmal war und wie sie einmal wieder sein sollte.

🖉 Auf dem Gelände des Museums gibt es die Höfle-Alpe, wo man fein brotzeiten kann. Außerdem wird hier das Leben auf einer Sennhütte ausgestellt.

GEMEINDE MISSEN-WILHAMS /// TOURISMUSBÜRO ///
HAUPTSTRASSE 45 /// 87547 MISSEN /// 0 83 20 / 4 56 ///
WWW.MISSEN-WILHAMS.DE ///

WIE DAS BUNTE ALLGÄU GRÜN WURDE
Missen-Wilhams

Reich war Carl Hirnbein, über 1.000 Hektar Land gehörten ihm. Sein Ziel war es, auf dem eigenen Grund die sechs Kilometer zwischen seinen zwei Höfen in Missen und Weitnau spazieren zu können. Auf dieser Strecke kann man heute als Wanderer den Carl-Hirnbein-Weg beschreiten und einiges darüber erfahren, wie das Allgäu wurde, was es heute ist. Denn ohne ihn hätte die Milchwirtschaft hier wohl keine so große Bedeutung.

Der Anfang des 19. Jahrhunderts war eine bittere Zeit für das Allgäu: Wegen der billigeren Baumwolle und deren massenhafter Verarbeitung an mechanischen Webstühlen in England brach die Allgäuer Leinenweberei ein. Aufgrund der Neugliederung Süddeutschlands durch Napoleon fiel ein Teil des Allgäus an Baden-Württemberg, der Rest an Bayern. Die Bewohner verarmten oder zogen weg. Der Vieh- und Käsehändler Johann Hirnbein schickte seinen 1807 geborenen Sohn Carl auch in die Welt hinaus. In der limburgischen Region, die heute in der belgischen Provinz Lüttich liegt, lernte er eine neue Art der Käseherstellung kennen. Nach seiner Rückkehr stellte er Limburger und Romadur her und verkaufte seinen Käse erfolgreich in ganz Süddeutschland. Damit läutete er nicht weniger als eine Wende im Allgäu ein. Immer mehr Landwirte sattelten auf Milchwirtschaft um, weil sie in Carl Hirnbein einen Abnehmer gefunden hatten. Hirnbein hatte erkannt, dass sich das Allgäu wegen der unfruchtbaren Böden und des schwierigen Geländes weniger für den bunten Ackerbau mit Kartoffeln, Bohnen, Gemüse und Flachs eignete, dafür aber für die Milchviehhaltung, die grüne Wiesen brauchte, gute Voraussetzungen bot. Diese Umwandlung trieb er stark voran und schuf so eine neue materielle Grundlage für die Bauern.

Der im Jahr 2002 eröffnete Carl-Hirnbein-Weg zwischen Missen und Weitnau ist ein familienfreundlicher Lehrpfad, auf dem man etwas über die Geschichte des Käses im Allgäu und das Leben Hirnbeins erfährt. Kinder klettern im Riesenspinnennetz des »Kinderwalds«.

🐚 Peter Dörfler beschrieb in den 30er-Jahren das Leben Carl Hirnbeins in seiner Allgäu-Trilogie: *Der Notwender*, *Der Zwingherr* und *Der Alpkönig*.

Mit Seltmans wäre man schnell fertig, wenn man sagt, dass es dort eine Kletterhalle und ein Freibad gibt. Aber das ist natürlich nicht alles. Seltmans war einen Sommer lang die Filmmetropole des Allgäus. 1987 drehten in dem kleinen Ort Klaus Gietinger und Leo Hiemer *Schön war die Zeit*. Parallel dazu arbeitete Christian Wagner hier an *Wallers letzter Gang* nach dem Roman *Die Strecke* von Gerhard Köpf.

»Bereits die Vorbereitungsphase zu *Waller* und selbst noch die Dreharbeiten waren ein einziger Kampf gegen das Verschwinden der Drehorte und damit gegen die Zeit: Die Bahnlinie wurde endgültig demontiert, Bahnhöfe wurden abgerissen und an einem der letzten Drehtage wurde die neue Autobahn, die die Bahnlinie verdrängte, feierlich eingeweiht – gewissermaßen als krönender Abschluss. Die Aussage des Films hatte uns eingeholt.« So äußert sich Christian Wagner, der Drehbuchautor und Regisseur, über *Wallers letzter Gang*. Jener Waller ist ein Streckengeher, der ein letztes Mal entlang einer Bahnstrecke geht, bevor sie stillgelegt wird. Parallel zu diesem Marsch zieht sein ganzes Leben noch mal in Gedanken an ihm vorbei.

Gedreht wurde der Film entlang der Bahnstrecke Isny-Kempten, die tatsächlich wenige Jahre vorher stillgelegt wurde. Wenige Jahre später wurden die Gleise demontiert. Christian Wagner hat auch das dokumentiert in seinem Kurzfilm *Zug*. Heute befindet sich auf dem Bahndamm ein Radweg.

Wallers letzter Gang wurde ausgezeichnet mit dem Bayerischen Filmpreis, dem Preis der Deutschen Filmkritik sowie dem Bundesfilmpreis in Silber. Der Film war Christian Wagners Kinodebüt und bedeutete für ihn den Durchbruch, nachdem er vorher zweimal an Filmhochschulen abgelehnt wurde. Damals residierte sein Team in einer alten Villa in Seltmans, nebenan in der alten Papierfabrik standen die Kulissen von *Schön war die Zeit*, wo auch Ottfried Fischer, Edgar Selge und Gottfried John vor der Kamera standen.

Teile des Films wurden auf der Bahnstrecke Leutkirch–Isny und auf der Staudenbahn (Gessertshausen–Markt Wald) gedreht.

In Altusried wird Theater gespielt. Gut. In vielen Orten wird Theater gespielt von irgendeinem Verein, aber so wie in Altusried geht es wohl fast nirgends zu. Praktisch der ganze Ort ist irgendwie dabei, alle drei bis vier Jahre, wenn die großen Festspiele stattfinden. Da sind dann bis zu 500 Menschen auf der Bühne und etliche dahinter. Dazu kommen noch die Pferde. Und bis zu 70.000 Personen schauen zu.

Dazwischen gibt es dann noch die kleinen Stücke, zum Beispiel 2011 *Die drei Musketiere* oder 2013 *Don Quijote* und 2016 die große Produktion *Robin Hood*. Bei dieser Produktion wirken dann lediglich 300 Schauspieler mit. »Die kommen alle aus Altusried«, erzählt uns Adrian Ramjoué, der Darsteller des Kardinals bei den Musketieren und Bruder des Regisseurs Michael Ramjoué. »Das erleichtert die Kommunikationswege.« Ab Dezember wird geprobt, zwei- bis dreimal die Woche und auch am Wochenende, gegen Ende gibt es dann keine probenfreien Tage mehr. Dazu braucht man viel Idealismus, denn Geld verdient hier keiner. Es geht den Altusriedern beim Theaterspielen um den Ausdruck eines gewissen Freiheitsgedankens, was sich in der Stückauswahl deutlich zeigt: Der Klassiker, der 1911 schon zum ersten Mal gespielt und seitdem etliche Male wieder aufgenommen wurde, ist *Andreas Hofer*, dazwischen und davor tummeln sich *Der bayerische Hiasl, Wilhelm Tell, Die Jungfrau von Orléans* und ein Stück über den Bauernkrieg, einen Aufstand der Allgäuer Bauern im 16. Jahrhundert.

Seit 1999 gab es 300 Veranstaltungen auf der neuen Anlage mit überdachten Plätzen für die Zuschauer, keine wurde abgesagt, obwohl die Akteure bei schlechtem Wetter im Regen stehen. Hart muss man sein als Schauspieler. Adrian Ramjoué sagt schmunzelnd: »Bei den Reitszenen ist es schon mal vorgekommen, dass sich jemand einen Arm oder ein Bein gebrochen hat, aber was Ernstes ist Gott sei Dank noch nie passiert.« Hoffentlich bleibt es so, damit noch viele in den Genuss dieses Spektakels kommen, sei es vor, auf oder hinter der Bühne.

✎ Außer den Stücken der Altusrieder gibt es jedes Jahr auch Gastspiele anderer Gruppen und Konzerte, die allerdings meist schnell ausverkauft sind.

Diese großen Entscheidungen im Leben, die unser Schicksal bestimmen, diese Augenblicke, in denen wir wurden, was wir sind, unterscheiden sich von den anderen Augenblicken nicht. Sie sind auf einmal da, und wenn sie da sind, ist auf einmal alles klar, was Sekunden zuvor noch im Nebel der Zukunft lag. Vor ein paar Jahren hatte ich eben ein paar lustige Jahre in München versandelt und fuhr nach Kempten.

Kempten ist eine der ältesten Städte Deutschlands. Die Römer gründeten Cambodunum etwa 15 v. Chr., als die Feldherren Drusus und Tiberius die Gegend eroberten. Im 1. Jahrhundert n. Chr. wurde es Sitz des Statthalters der Provinz Rätien. Im Archäologischen Park werden Ausgrabungen der Römerstadt erhalten und zugänglich gemacht.

Ich begab mich damals aber in die Salzstraße. In meinem Gepäck ein Buch mit dem Titel *Das ist Biologie*. Geschrieben hat es ein gewisser Ernst Mayr. Kennen könnte und sollte man ihn, weil er nach Charles Darwin als der bedeutendste Evolutionsbiologe überhaupt gilt. Vieles, was Darwin noch nicht wissen konnte und nur ahnte, konnte Ernst Mayr aufgrund neuer Erkenntnisse der Molekularbiologie bestätigen. Er wirkte an der Harvard University in Cambridge und ihm ist es zu verdanken, dass wir heute wissen, dass Darwin recht hatte.

Was ich damals noch nicht wusste, war, dass mein Ziel die ehemalige Oberrealschule war, die Ernst Mayr besuchte. Die erste Frage, die mir beim Vorstellungsgespräch gestellt wurde, war, ob ich denn Ernst Mayr kenne. Und wie ich den dann kannte. Und weil ich ihn kannte, wurde ich Lehrer.

Ernst Mayr ist am 3. Februar 2005 im Alter von 100 gestorben und man überlegte damals, ob man die Schule nun Ernst-Mayr-Schule nennen sollte. Doch in seiner Geburtsstadt ist Mayr nicht so populär, deshalb heißt die Schule immer noch *Staatliche Realschule an der Salzstraße*, weil hier im Mittelalter die Salzroute von Bad Reichenhall zum Bodensee vorbeilief.

⌕ Am Ende der Salzstraße befindet sich die Brauereigaststätte Zum Stift, die allen dringend zu empfehlen ist, die die bayerisch-schwäbische Küche schätzen.

KÜNSTLERHAUS KEMPTEN /// BEETHOVENSTRASSE 2 ///
87435 KEMPTEN /// 08 31 / 20 59 37 86 /// WWW.KUENSTLERHA.US ///

KUNST VON ALLEN FÜR ALLE
Kempten – Künstlerhaus

»Sie führte ihn an den Rand der Fußgängerzone in eine Kneipe, die im Sommer eine Terrasse zum Draußensitzen hatte. Jetzt im Frühjahr, nachdem gestern noch Schnee gefallen war, setzten sie sich rein. Das sah ein bisschen nach alternativ aus, ein bisschen so, wie man es hier nicht erwartet hätte: Kahle Wände waren bunt angestrahlt, im großen offenen Raum standen Sitzgruppen aus verschiedenen Sesseln, Sofas und Stühlen.«

Im *Alpendöner* wird Birne, mein Romanheld, in das Künstlerhaus eingeladen – zur Belohnung von einer Frau, der er eben noch einen kleinen Gefallen erwiesen hat. Damit landet er im absolut schönsten Café Kemptens, zumindest in dem mit dem meisten Charme. Früher war das Gebäude an der Ecke Bahnhof-/Beethovenstraße eine Bank, jetzt ist es Anlaufstelle für alle Kunstschaffenden aus Kempten und dem restlichen Allgäu. Betreiber des Künstlerhauses ist seit 2012 der Künstlerhaus e. V., dem es nach einigem Hin und Her gelungen ist, einen dauerhaften Betrieb des Künstlerhauses sicherzustellen. Mittlerweile ist das Haus ein »soziokultureller Treff«, was bedeutet, dass es möglichst vielen Menschen als Austauschort dienen soll. Die Ausstellungen befinden sich im ersten Stock, eine Wendeltreppe führt hinauf. Aber auch für Musiker wie Rainer von Vielen oder die Dancehall-Combo *Flixx 'n' Hooch* ist das Künstlerhaus Treffpunkt und Auftrittsort.

»Wir wollen, dass viele Generationen hier zusammenkommen, das macht den Charme aus«, sagt Marcello Först, der 2011 und 2012 das Künstlerhaus umtrieb. Er hat recht. Alle kommen: Studenten, Arbeiter, Lehrer, Schüler. Und alle fühlen sich wohl und willkommen. Hier geschieht Kultur im besten Sinne. Außer Konzerten und Kunstausstellungen kann man hier auch beim Tatort-Abend den aktuellen Krimi der Reihe schauen oder hin und wieder einer Improtheatershow der Kemptener Gruppe *Die Wendejacken* beiwohnen. »Birne schaute sich um und fühlte sich wohl hier bei dem Sound und in Erwartung eines Biers.«

✍ Wer nach einem guten Abend im Künstlerhaus nicht nach Hause will, der soll die Stadtmauer entlang zum Ritterkeller gehen – die beste Kneipe hier (für Freunde von Rockmusik).

KRAFTWERK KEMPTEN /// KESELSTRASSE 16 /// 87435 KEMPTEN ///
08 31 / 25 21 99 99 /// WWW.AUEW.DE ///

Fährt man übers Land und denkt an die Zukunft, dann fragt man sich, was sie aus der Landschaft machen wird. Wir brauchen immer mehr Energie, und wir dürfen und können diesen Bedarf nicht aus Atomkraftwerken und fossilen Kraftstoffen decken. Die kostenlosen und unbegrenzten Optionen sind Wind, Sonne und Wasser. Doch schon maulen die Ersten über die Verschandelung der Gegend durch Windräder und Fotovoltaikfelder.

Es geht auch anders, wie das Illerkraftwerk in Kempten beweist. Nach den Plänen des Architekten Michael Becker entstand hinter der ehemaligen Spinnerei und Weberei in den letzten Jahren ein gigantisches Laufwasserkraftwerk, eine überwältigende Kathedrale aus Beton. Wenn man will, kann man sich darin an ein gestrandetes Schiff erinnert fühlen oder ein riesiges Fossil aus der Urzeit. Dieses freie Assoziieren ist durchaus im Sinne des Schöpfers.

Alle rund dreieinhalb Minuten fließen hier sieben Millionen Liter Wasser durch. Damit kann man 3.000 Haushalte mit Strom versorgen; für die Bodenplatte allein wurden 400 Tonnen Stahl verbaut. Und die Bevölkerung? Die strömt ebenfalls zu dem 150 Meter langen Bauwerk. Allein in den ersten drei Monaten nach der Eröffnung kamen 14.000 Besucher, um zu staunen.

»Das Kraftwerk hat eine zurückhaltende Sprache, es stellt die Rahmenprotagonisten, die Spinnerei und die Weberei, in den Vordergrund, gleichzeitig hat es eine selbstbewusste moderne Sprache. Das zu einem neuen Ganzen zusammenzuführen, das ist die große Stärke von diesem Kraftwerk«, meint der Architekt. Nicht nur beim Publikum kommt er mit diesem Konzept an: 2011 wurde ihm für seinen Entwurf der *Deutsche Architektenpreis Beton* verliehen.

Auf der Außenhaut wurden Kiesel angebracht. So wird der Bezug zum Fluss hergestellt. Auch im Innenbereich hat man nicht das Gefühl, ein technisches Konstrukt zu betreten, es umweht einen tatsächlich so etwas wie eine sakrale Aura. Die Zukunft kann kommen, wenn sie dieses Gesicht trägt.

✍ Führungen von April bis September immer donnerstags und samstags. Diese sind begrenzt auf 20 Personen, Dauer etwa eine Stunde. Nur nach Voranmeldung beim AÜW.

CAMBOMARE /// AYBÜHLWEG 58 /// 87439 KEMPTEN ///
08 31 / 58 12 10 /// WWW.CAMBOMARE.DE ///

Birne darf ins Cambomare in meinem Roman *Alpendöner*. Wenn man nun der Meinung ist, dass ein Autor starken Einfluss hat auf das, was seinen Figuren passiert, er also nicht nur abschreibt, was im Kino in seinem Kopf passiert, dann habe ich es bis dahin meinem Helden schlecht gehen lassen. Er wurde vermöbelt, von Frauen versetzt, von der Polizei unschuldig verdächtigt.

Als Birne dann auch noch wegen eines dummen Missverständnisses seinen Job verliert, langt es wirklich. Das Mitleid geht mit mir durch. Ich lass ihn einmal machen, was ihm am besten tut im Moment. Er entscheidet sich im Film in meinem Kopf fürs Cambomare. Und es war die richtige Idee. Einige Stunden verbringt er hier im Wasser und ist damit gewappnet für das, was noch kommt.

Er kommt runter, indem er sich auf den Sprudelliegen erst durchmassieren und anschließend im Strömungskanal treiben lässt. Er rutscht die 93 Meter lange Black-Hole-Rutsche und freut sich an den Licht- und Soundeffekten. Dann begibt er sich in eine Sauna, von denen es hier nicht weniger als elf Stück gibt. Er springt zur Abkühlung in den Naturteich und legt sich für Stunden ins Ruhehaus. Alles ist weg: der Ärger, der Kummer, die Not. Augenblick, hier lohnt sich das Verweilen, denkt er.

Für diejenigen, die fragen, wie viel vom Autor in seiner Hauptfigur steckt: immer ein bisschen. Ich wurde zwar seit dem Kindergarten nicht mehr vermöbelt und von der Polizei meines Wissens noch nie wegen irgendwas oder gar zu Unrecht verdächtigt. Auch wenn ich versetzt wurde, egal von wem, habe ich es inzwischen erfolgreich verdrängt. Die meisten Jobs habe ich gekündigt, bevor ich geworfen wurde. Aber den Nachmittag im Cambomare, den habe ich wirklich so erlebt wie mein Birne und den soll und darf man sich auch antun, wenn einem auch vorher nichts Schlechtes passiert ist. Besser geht es einem innerlich und äußerlich auf jeden Fall danach.

🖉 Der Außenbereich der Saunawelt verfügt über ein Außenschwimmbecken mit Massagedüsen, eine Kräutersudsauna, Rauchsauna, Hügel- und Erdsauna.

TOURISTINFORMATION WERTACH /// RATHAUSSTRASSE 3 ///
87497 WERTACH /// 0 83 65 / 70 21 99 /// WWW.WERTACH.DE ///

WO DIE WILDEN MÄDCHEN WOHNEN
Wertach – Bärbeletag

Was wurden wir in der Grundschule gequält, als wir in der Adventszeit Adventsgedichte auswendig lernen sollten. Eins davon, das beginnt mit »Am Tage von Sankt Barbara …« und dessen Rest ich bewusst vergessen habe, fordert dazu auf, am 4. Dezember Zweige ins Wasser zu stellen. An Weihnachten blühen die dann. Die Sache funktioniert, wir haben es ausprobiert. Am Barbara-Tag kann man aber noch mehr erleben.

Gewöhnlich ist in den meisten Orten am Klausentag, dem 6. Dezember, am meisten los auf den Straßen mit Glühwein und vorweihnachtlichem Treiben. In Wertach soll man es jedoch vermeiden, an diesem Abend vor die Tür zu gehen, denn wer hier von den Klausen erwischt wird, der riskiert weit mehr als ein paar Klopfer mit der Rute, der wird sauber durchgeprügelt, damit er sich's merkt, dass der Abend dem Fernseher und der Familie gehört. Die Einzigen, die sich der Gefahr absichtlich aussetzen, sind die Buben, die im kommenden Jahr selbst dabei sein wollen. Wer sich als Klaus verkleiden will, muss mindestens einmal Opfer gewesen sein, sonst geht nichts. Zwei Tage vorher ziehen sich die Mädchen Hexenmasken über den Kopf und nehmen Reisigbesen in die Hand. Da kann man als Normalmensch auf die Straße gehen, da soll man sogar raus und einen Glühwein trinken und sich schön bei den Leuten aufhalten, die alle da sind und einem das Neueste vom Dorf erzählen. Man bleibt am besten dabei stehen und ratscht ein paar Glühweinlängen mit. Denn die Besen sind nicht nur zum Fegen da. Wer sich zu nahe hinwagt, der bekommt auch ein paar drauf. Und wieder sind es die Buben, die's ausprobieren, wie nah sie hinkommen und wie schnell sie wegkommen. Manch einen erwischt es trotzdem, der bezahlt dann für seine Frechheit: Er wird nicht nur sauber abgefegt von den wilden Bärbele, er wird auch ausgelacht vom Volk. Aber nicht bös, denn was sich liebt, das neckt sich auch vorher ein bisschen mit dem Besen.

Gegen neun ist das Treiben großteils gelaufen und man begibt sich anschließend am besten noch zum Bier in eine Wirtschaft. Am 6.12. sitzt man eh daheim.

TOURISTINFORMATION WERTACH /// RATHAUSSTRASSE 3 ///
87497 WERTACH /// 0 83 65 / 70 21 99 /// WWW.WERTACH.DE ///

IN DEN FUSSSTAPFEN
EINES GROSSEN SCHRIFTSTELLERS
Wertach – Sebaldweg

Bei einem Bayern-1-Wettbewerb 2011 wurden die Wertacher *Bayerns beste Bayern*, da haben sie gewonnen. Den Nobelpreis haben sie praktisch auch bekommen, zumindest ein hier Gebürtiger: W. G. Sebald hätte den für Literatur wahrscheinlich erhalten. Wenn er nicht so früh und tragisch verstorben wäre, wenn er den Herzinfarkt nicht bekommen hätte beim Autofahren und wenn der Lastwagen nicht entgegengekommen wäre …

»Mit solcherlei Phantasien im Kopf und im Eingedenken auch an den Krummenbacher Maler, der vielleicht in der Winterszeit desselbigen Jahres an seinen vierzehn kleinen Kreuzwegstationen sich nicht weniger mühte als Tiepolo an seinem großen Deckengemälde, bin ich dann, es wird schon gegen drei Uhr gewesen sein, durch die Wiesen unterhalb der Sorgalpe gegangen, bis ich kurz vor der Pfeiffermühle auf die Straße gelangte. Von hier war es noch eine Stunde bis W.« So beschreibt Sebald in seiner Erzählung *Il ritorno in Patria* einen Spaziergang von Oberjoch nach Wertach. Zu Ehren des berühmten Wertachers kann man diesen leicht machbaren Weg jetzt nachgehen. Auf dem Sebaldweg stehen immer wieder Stelen mit Auszügen aus dem Erzählungstext. Wandern und Literatur auf derselben Strecke, das ist selten. Das lassen wir uns gefallen.

Wir gelangen nach der Durchquerung einiger Weiden, auf denen wir uns von den Kühen anstarren und bewundern lassen, und einem kleinen Anstieg eben zu jener Sorgalpe. Die Kinder stürzen sich auf die Spielzeugfahrzeuge und streicheln die jungen Geißlein, wir Erwachsenen werden vom Hüttenwirt Hans mit alkoholfreiem Weizen und einer prima Brotzeit versorgt. Der Sebald, denk ich mir, der ist 1944 hier geboren, und weil er dann Professor geworden ist, musste er nach England ziehen. Aber wenn ihm 2001 nicht der damische Autounfall passiert wäre, würde ihm dieses Weizen hier jetzt genauso gut schmecken, da braucht er meinetwegen gar keinen Nobelpreis.

✍ In der ehemaligen Tennishalle ist inzwischen das *Allgäulino* untergebracht, eine irre Kletterwelt für Kinder – es gibt auch Kaffee dort.

RATHAUS MARKT RETTENBERG /// BICHELWEG 2 ///
87549 RETTENBERG /// 0 83 27 / 9 20 40 /// WWW.RETTENBERG.DE ///

BIER, ABER NICHT NUR BIER
Rettenberg

15

Freilich denkt jeder, sobald der Ort Rettenberg erwähnt wird, zuerst ans Bier. Es ist schon recht bemerkenswert, dass sich in einem kleinen 4.000-Seelen-Dorf gleich zwei renommierte Brauereien befinden. Zötler gibt es seit 1447. Damit ist die Firma das älteste Familienunternehmen Deutschlands, womöglich sogar der Welt, und damit schon länger am Brauen, als das Reinheitsgebot existiert.

Die jüngere Brauerei, immerhin auch schon seit 1668 aktiv, heißt Engelbräu. Beim *World Beer Cup*, bei dem jedes Jahr in verschiedenen Kategorien die international besten Biere prämiert werden, war Engelbräu bereits mehrfach erfolgreich. Dazu muss man wissen, dass deutsche Brauereien vergleichsweise selten bei diesem Wettbewerb ausgezeichnet werden, und das, obwohl wir so stolz auf unsere Biere sind. Engelbräu kann man auf jeden Fall gut trinken und selbstverständlich auch Zötler und etwa 1.000 andere Biere hierzulande.

Aber lassen wir das Bier mal beiseite, biegen wir am Ortsausgang Richtung Kranzegg rechts ab, dort, wo es zum Brauereiladen von Zötler geht, lassen wir den links liegen, dann gelangen wir zum Galetschbach. An dem entlang schlängelt sich der fantastisch eingerichtete Walderlebnispfad, auf dem Größere die Bedeutung des Wassers nähergebracht bekommen und Kinder sich im Bach vorwärtshangeln, an einer Mini-Mühle pritscheln und schließlich den Abenteuerspielplatz Hasengarten erforschen können. Wir befinden uns am Fuß des Grüntens, hier startet auch ein Wanderweg nach oben zum Hausberg von Rettenberg. Nicht weit von hier befindet sich ein Steinbruch, an dem der »Grüntenstein« abgebaut wird. Aufgebaut wurde aus dem wiederum die heutige Generaloberst-Beck-Kaserne in Sonthofen (Seite 53). Heutzutage wird das Gebäude von der Bundeswehr genutzt. Die Kirche St. Hildegard, die 1962 in München-Pasing errichtet wurde, besteht ebenfalls aus Grüntenstein.

⌁ Jeden Monat bei Vollmond – außer in der Karwoche und an Weihnachten – feiert die Brauerei Zötler das Vollmondfest. Die Plätze sind schnell weg.

DIE ALPE MIT DEM WEICHKÄSE
Grünten – Obere Schwandalpe

16

Der Grünten steht recht einsam da, wenn man sich den Alpen von Norden nähert. Kein anderer Berg ist an seiner Seite, deswegen wird er auch der »Wächter des Allgäus« genannt. Man kann nicht auf seinen Gipfel steigen und dann von Hütte zu Hütte über zahlreiche Gipfel einer Bergkette tagelang wandern. Nein, der Grünten ist ein Berg für einen Tag. Übernachten kann man allerdings auch: im Grüntenhaus.

Wer von Süden auf den 1.738 Meter hohen Grüntengipfel steigt, der kommt zwangsläufig an der Oberen Schwandalpe vorbei. Wie auf vielen Alpen wird hier Käse hergestellt. Was man aber nur noch selten findet, ist Alpe-hausgemachter Weichkäse. Sauer angemachter Romadur ist hier sehr zu empfehlen. Carl Hirnbein brachte 1830 das Romadur-Rezept aus Belgien ins Allgäu und rettete auf diese Weise viele Bauern vor dem Ruin. Ähnlich wie der Limburger, der von seinen Verächtern auch »Stinkkäse« genannt wird, kommen bei der Herstellung Rotschmierebakterien zum Einsatz. Diese Mikroorganismen leben auch auf dem menschlichen Körper, bevorzugt an Fußsohlen und Knöcheln. Dort erzeugen ihre Stoffwechselprodukte den typischen Käsegeruch unserer Mitmenschen. Romadur ist im Gegensatz zum teilentrahmten Limburger vollfett und soll nach Meinung einiger kompetenter Köche unbedingt mit in die Käsemischung bei den Kässpatzen.

Die Familie Steurer bewirtschaftet die Schwandalpe bereits in fünfter Generation und durfte in dieser langen Zeit eine Menge Gäste begrüßen. Denn der Grünten wird seit vielen Jahrhunderten bestiegen. Anfang des 16. Jahrhunderts sei Kaiser Maximilian I. hier gewesen und im Jahr 1773 ließ sich der Augsburger Fürstbischof Clemens Wenzeslaus von 56 Bauern in einer Sänfte auf den Gipfel tragen. Besser schmeckt die Brotzeit sicherlich, wenn man sich mit den eigenen Füßen nach oben bewegt hat. Auch wenn der Schweiß dann ein bisschen riecht, weiß man doch, dass dahinter nichts Schlechtes steckt.

🍽 Leo Hiemer hat für seinen Dokumentarfilm *Hirnbein*, an dem auch der Kabarettist Maxi Schafroth mitwirkt, auch auf der Schwandalpe gedreht.

DAS ERSTE BERGHOTEL IM ALLGÄU
Grüntenhaus

17

Im Allgäu sind 660.000 Menschen zu Hause, die werden jährlich von 2,3 Millionen Gästen besucht, die insgesamt 10 Millionen Mal übernachten. Beeindruckende Zahlen, die vor allem eins beweisen: Das Allgäu ist eine der führenden Tourismusregionen. Noch eins ist sicher: Carl Hirnbein erwies sich auch hier als Pionier. Er brachte von seinen Reisen nämlich nicht nur die Weichkäseherstellung mit ins Allgäu.

Am 30. Juli 1842 schrieb Carl Hirnbein aus Bern folgende Zeilen an seine Frau:

»Meine innig geliebte Nanni …

Letzten Sonntag war ich aufm Rigi einem der schönsten Berge in der Schweiz wo eine ungemein schöne Aussicht in die Ferne ist. 15 Seen sieht man da. Es waren gewiß 500 Menschen da. Von allen Nationen, vorzüglich Engländer, Holländer und Franzosen. Auf diesem Berg sind 6 Gaststätten, gegen welche kein Gasthof in Kempten oder Lindau an die Seite gestellt werden kann …« Was Carl Hirnbein auf dem Schweizer Rigi erlebt hatte, ließ ihm keine Ruhe mehr. 1853 ließ er auf dem Grünten auf 1.535 Metern Höhe ein Hotel errichten. Für ein kleines Taschengeld am Tag schleppten zahlreiche Arbeiter Bretter den Berg hoch, sodass im folgenden Jahr die ersten Gäste begrüßt werden konnten. Das Grüntenhaus hatte eine eigene Sennerei zur Bewirtung der Gäste, eine kleine Bibliothek und einen Saal, in dem man gesellig sitzen konnte. Die Gästezimmer lagen im oberen Stockwerk – wegen der Aussicht. Den Raum mit dem schönsten Blick hatte Hirnbein freilich für sich und seine Familie reserviert.

Auch heute noch bietet das Grüntenhaus ein Restaurant mit Übernachtungsmöglichkeit, es ist allerdings als eines der letzten seiner Art nicht mit dem Auto erreichbar. Der Bau einer Zufahrtsstraße scheiterte unter anderem am Alpenverein und dem Bund Naturschutz. Von Burgberg aus erreicht man das Grüntenhaus in etwa zwei Stunden zu Fuß.

✍ Der Grünten, das Grüntenhaus, die Schwandalpe sowie die Erkundung der Starzlachklamm lassen sich gut bei einem Tagesausflug kombinieren.

EIN ROHER BRAUCH
MIT DUNKLEM URSPRUNG
Burgberg – Klausentreiben

Wir stehen in der Dorfmitte. Ich wärme mir Finger und Kehle an dem Glühwein, zu dem ich eben eingeladen wurde, und ahne nichts. Einer sagt: »Au weh, jetzt kommen sie.« Die versammelte Menge wird andächtig und still. Durch die Winternacht ist von oben Geläut zu hören. Ich traue mich kaum noch, einen weiteren Schluck aus der Tasse zu nehmen, obwohl mir die Stärkung vielleicht guttäte.

Wilde Kerle brechen über den Platz herein, behängt mit Fellen, Hörner auf dem Kopf, Schellen und Glocken umgebunden – infernalischer Lärm. Ja, wir haben alle Respekt vor diesem Treiben, das nur wenige Minuten andauert. Denn schon verschwinden die Gesellen in den Straßen. Sie werden leiser, die ersten Passanten reden schon wieder. Aber die Verkleideten kommen gleich wieder, wilder, gefährlicher. Ihre Ruten schwingen sie, es wird aber keiner verhaut, der sich nicht zu weit in ihre Bahn hineinbegibt. Und auch der bekommt nur einen leichten Schlag. Meist ist er ein übermütiger Junger, der im nächsten Jahr selbst dabei sein will.

Das Klausentreiben ist eine weitverbreitete Tradition im Allgäu, über deren Ursprung viel geredet und spekuliert wird. Manche vermuten einen keltischen oder heidnischen Ursprung; andere sagen, das Treiben finde am 5. und 6. Dezember statt und der 6. sei immerhin der Namenstag des Heiligen Nikolaus, Bischof von Myra. Früher gab es wohl Nikolaus-Umzüge, wo der Heilige in Begleitung wilder Gestalten auftrat. Die meisten meinen, es handle sich bei dem Brauch um eine Maßnahme zur Vertreibung böser Geister. Offiziell. Inoffiziell haben die meisten nur einen Mordsspaß am Verkleiden und Wildtun.

Ich empfehle Burgberg fürs Klausentreiben. In einigen anderen Orten kann man nicht auf die Straße, weil man wirklich heftig eine draufbekommt. Und dann gibt es Orte, wo die Veranstaltung zu einer Touristensause verkommen ist. In Burgberg passt das Verhältnis. Ich habe Respekt, keine Angst.

✍ Einheimische ansprechen aufs Klausentreiben. Wenn die abwinken, im nächsten Ort probieren. Irgendwann leuchten die Augen eines Gefragten. Da bleiben.

ERZGRUBEN-ERLEBNISWELT AM GRÜNTEN /// GRÜNTENSTRASSE 2 ///
87545 BURGBERG /// 0 83 21 / 7 88 46 46 /// WWW.ERZGRUBEN.DE ///

Der Grünten war früher eine Bergbauregion. Im 15. Jahrhundert begannen sogenannte Knappen hier Eisenerz abzubauen. Die Öfen, in denen sie das Metall aus dem Erz gewannen, errichteten sie an Ort und Stelle. Um diese Öfen zu beheizen, schlugen sie Holz, wodurch der Grünten seinen Namen bekam: »Grünten« ist ein altes Dialektwort für »Glatzkopf«. Mit der Eisenbahn kam schließlich besseres und billigeres Eisen aus England und Schweden ins Allgäu. 1859 wurde der Bergbau deswegen eingestellt.

In den 30er-Jahren des 20. Jahrhunderts hat man dann die Gruben aus Sicherheitsgründen zugesprengt. Dass man hier einmal Bergbau betrieben hatte, geriet nach und nach in Vergessenheit. Erst in den 90er-Jahren begann man sich wieder daran zu erinnern, und mit der Hilfe von Freiwilligen wurde in vielen Ehrenamtsstunden ein Teil der unterirdischen Gänge wieder zugänglich gemacht.

Mittlerweile lockt die Erzgruben-Erlebniswelt 20.000 Besucher im Jahr an. Im Museumsdorf kann man sich über den Erzabbau informieren und dann bei einer Führung die Gruben selbst erkunden – eine beeindruckende Reise in die Vergangenheit.

Auch in der Starzlachklamm gab es einst ein Bergwerk und einen Schmelzofen. Für uns ist die Begehung der Starzlachklamm der krönende Abschluss einer Grüntenbesteigung. Wir kommen von oben und wandern nach unten, entlang an atemberaubenden Steilwänden, schäumenden Strudeln und Nebenklammen. Es rauscht und zischt und erfrischt. Am Ende erwartet uns der Klammwirt. Gern geben wir ihm den Obolus, den er von den Besuchern der Klamm für deren Instandhaltung verlangt.

Die Starzlach entspringt in 1.070 Metern Höhe zwischen dem Wertacher Hörnle und dem Grünten und mündet bei Sonthofen in die Ostrach. »Starzlach« bedeutet »über die Felsen springende Ach«, sie formt ihre Klamm schon seit Jahrmillionen. Man findet hier Fossilien.

✍ Der Sonthofener Baumeister Franz Xaver Ammann erschloss die Starzlachklamm 1932. Im Krieg schwer beschädigt, waren deren Wege erst 1949 wieder zugänglich.

Es war vor Jahren ein regnerischer Tag im Allgäu. Wir waren mit Freunden da. Draußen war nichts zu machen. Wären wir drinnen geblieben und hätten zum Beispiel von morgens bis abends Schafkopf gespielt, hätten wir vielleicht Lagerkoller oder Streit gekriegt, einer hätte womöglich nicht überlebt und alles wäre ganz anders gekommen. Wir beschlossen, ins Wonnemar zu fahren und den Tag dort zu versandeln.

Eine gute Idee. Es war schön dort. Draußen der Regen und das Grau, innen das fröhliche Wonnemar. Wir rutschten in den zahlreichen Röhren, das Kind im Mann kam voll auf seine Kosten. Etwa 350.000 Badende im Jahr zählt man hier, die sich auf 1.072 Quadratmetern Wasserfläche austoben, entspannen und treiben lassen können.

Sonthofen ist die südlichste Stadt Deutschlands, ungefähr 21.000 Einwohner leben dort. Das berühmteste Bauwerk ist auch das kritischste: Über der Stadt erhebt sich die Generaloberst-Beck-Kaserne, die ehemalige Ordensburg. Sie wurde 1934 erbaut und diente ab 1937 als *Adolf-Hitler-Schule*. In diesen Einrichtungen wollten sich die Nazis ihre kommende Elite heranbilden. Der ehemalige Zeit-Herausgeber Theo Sommer ist einer der Bekanntesten, die hier zur Schule gingen. Im letzten Kriegsjahr war die Ordensburg zudem ein Lazarett. Nach dem Krieg nutzten sie die amerikanischen Streitkräfte und ab 1956 die Bundeswehr als Ausbildungsstätte. Hier befand sich unter anderem die Schule für Feldjäger und die Sportschule der Bundeswehr. Seit 2009 ist die Ordensburg eine Kaserne.

Funkenfeuer werden in vielen Allgäuer Orten am Wochenende nach dem Aschermittwoch angezündet. In Sonthofen wird dieser Brauch alle drei Jahre durch das pantomimische »Egga-Spiel« ergänzt. Eine Hexe stört Bauern bei der Arbeit, macht das Vieh verrückt, verdirbt die Ernte, sie »eckt« an. Die Bauern jagen sie, fangen sie ein und verbrennen sie auf einem großen Scheiterhaufen, dem Funkenfeuer.

✿ Die Masken, die die Schauspieler beim »Egga-Spiel« tragen, sind das Jahr über im Heimathaus ausgestellt, einem alten Bauernhaus, das als Stadtmuseum dient.

40.000 Rindviecher, die den Sommer in den Allgäuer Bergen verbringen, sind eine ganze Menge. Man könnte meinen, dass ein Ereignis, das mehr Gäste als Kühe anlockt, vor allem eine touristische Angelegenheit darstellt. Weit gefehlt. Dem Allgäuer ist der Viehscheid in seinem Ort das wichtigste Ereignis im Jahr, noch vor dem Geburtstag und Weihnachten. Da will jeder irgendwie dabei sein und sich zeigen.

Es gibt ungefähr 30 Viehscheidorte im Allgäu, der Viehscheid in Bad Hindelang ist der größte. Aber auch die Feste, die in den anderen Orten gefeiert werden, sind toll und einen Besuch wert. Damit man sich nicht allzu sehr Konkurrenz macht, gibt es rund ein Dutzend Termine, auf die die Viehscheide verteilt sind.

Man muss früh aufstehen im Grauen des Septembermorgens, dann sieht man die Kühe dampfen, wenn sie die Scheidwiese in Bad Hindelang heraufkommen. Voran geht ein Hirte in Tracht, ihm folgt die Leitkuh, respektive die bravste Kuh. Sie ist festlich geschmückt, wenn im Sommer oben auf der Alpe kein Unfall, kein Todesfall und keine Krankheit vorgekommen ist. Der Kranz auf ihrem Kopf ist geflochten aus Bergblumen, in der Mitte blinkt ein Spiegel zur Abwehr böser Geister. Sie sollen vor ihrem eigenen Anblick erschrecken und sich dann verpfeifen. Am Ende der Wiese wartet der Scheidplatz. Hier werden beim Passieren der Tiere die Namen der Besitzer ausgerufen, diese nehmen ihre Kühe in Empfang und bringen sie den Winter über zurück in ihren Stall.

Der Viehscheid hat ein Vorspiel, denn schon am Tag zuvor kommen die Kühe zusammen und ihnen werden anstatt der kleinen Weidschellen die wesentlich größeren und lauteren Zugschellen angelegt. Einer Kuh wird dabei auch der Kopfschmuck angelegt. Nicht alle lassen sich das gefallen.

Das Nachspiel wird im Festzelt ausgetragen bei traditioneller Blasmusik und nicht zu wenig Bier. Viele nehmen deshalb nicht nur am Viehscheid frei, sondern auch am nächsten Tag.

✆ Die genauen Termine für die einzelnen Orte sind im Internet aufgelistet. Unter der Adresse www.allgaeu-viehscheid.de finden sich alle Informationen.

GÄSTEINFORMATION BAD HINDELANG ///
UNTERER BUIGENWEG 2 /// 87541 BAD HINDELANG ///
0 83 24 / 89 20 /// WWW.BADHINDELANG.DE ///

VERTREIBUNG DES WINTERS
Bad Hindelang – Funkenfeuer

22

Es brennen die Berge am Sonntag nach dem Aschermittwoch. Der Fasching an sich ist eine dermaßen feierintensive Zeit, dass der Mensch, der ungern seine Gewohnheiten aufgibt – zumindest ungern von einem Tag auf den anderen –, in die feierfreie Zeit, die die Fastenzeit darstellen soll, ein paar Anlässe gelegt hat, ausgelassen zu sein. Anderswo wird Starkbier gesoffen, hier begeht man den Funkensonntag.

Man sammelt und schichtet, was geht, darunter sind auch viele Christbäume vom vergangenen Jahr. Man will das höchste Feuer haben, und zwar nicht nur, um die Nachbarn zu übertreffen. Je heller das Feuer brennt, desto fruchtbarer wird das Jahr, desto weniger Krankheiten und Schrecken werden einen plagen. Sobald es brennt, freuen sich alle und jubeln. Am lautesten wird es, wenn die Hexenpuppe an der Spitze des meterhohen Stapels Feuer fängt. Dieser Brauch dient offiziell dazu, den Winter zu vertreiben. Außerdem sollen die Flammen böse Geister fernhalten. Klar.

Woher die Tradition kommt, weiß man wie so oft nicht. Man hört immer »Alter heidnischer Brauch, wahrscheinlich von den Kelten«, oder »… von den Alemannen«. Ganz unerheblich ist das nicht, denn immerhin liegt zwischen der Ankunft der einen und der der anderen ein Dreivierteljahrtausend.

Die ersten waren die Kelten, sie kamen um 500 v. Chr. aus dem Westen und ließen sich nieder. Diese unterwarfen auch die Feldherren Drusus und Tiberius, als sie die Region, die später das Allgäu wurde, 15 v. Chr. dem Römischen Reich einverleibten und Cambodunum (Kempten) gründeten. Neben den Kelten hatten die Römer später vor allem Probleme, die Germanen in Schach zu halten. Der Limes stellte einen Schutz- und Grenzwall gegen und für die Stämme jenseits von ihm dar. 233 durchbrachen ihn die Alemannen. Sie zerstörten Cambodunum und ließen sich nieder. Gute 250 Jahre später verließen die Römer die Region. Die Alemannen wurden vom 6. bis 9. Jahrhundert christianisiert.

🕯 Zum Funken gehörten auch immer eine Tasse Glühwein und »Funkenküchle«, in heißem Fett herausgebackene und mit Zucker bestreute ringförmige Teigfladen.

GÄSTEINFORMATION HINTERSTEIN /// AUF DEM BUCK 6 ///
87541 HINTERSTEIN /// WWW.HINTERSTEIN.DE ///

WO SCHON LUITPOLD SICH GESUND BADETE

Hinterstein – Prinze Gumpe

23

Bekanntester Kurgast Bad Hindelangs war und ist Prinzregent Luitpold: Der Onkel von Ludwig II. hatte über 60 Jahre lang sein Jagdgebiet im Hintersteiner Tal. Damals verlieh der Regent dem Ortsteil Oberdorf »allergnädigst« den Titel *Bad*. Er wurde über 90 Jahre alt, was nicht verwunderlich ist, denn zum Abhärten sprang er jeden Tag in ein Becken mit eiskaltem Wasser – den »Prinze Gumpe«.

Luitpold wurde 1821 als fünftes Kind des bayerischen Königs Ludwig I. geboren und war damit weit entfernt davon, über Bayern zu herrschen. Auf Ludwig I. folgte erst der älteste Sohn Maximilian II. von Bayern und dem schloss sich dessen Sohn Ludwig II. an, der Träumer und Schlösslebauer. Den interessierte das Regieren nicht so wahnsinnig, er hielt sich der Residenz gern fern. Sein Onkel Luitpold nahm zunehmend repräsentative Aufgaben in München wahr. Am 9. Juni 1886 ging es dann gar nicht mehr. Ludwig II. musste entmündigt werden. Er war zu teuer geworden. Drei Tage später kam er ums Leben, er ertrank im Starnberger See. Der Nachfolger auf dem bayerischen Thron wäre nun sein kleinerer Bruder Otto gewesen. Doch der galt als »geisteskrank«. Man konnte ihn nicht regieren lassen. Also kam der Onkel an die Reihe. Luitpold regierte Bayern nun 26 Jahre bis zu seinem Tod 1912 nicht als König, sondern als Prinzregent. Man sagt, er sei ein bodenständiger Mann gewesen, bescheiden und deshalb auch in der ersten Zeit nicht so beliebt wie sein Neffe Ludwig. Tüchtig, volksnah, gut fürs Land. Seine größte Leidenschaft galt der Jagd. So oft er konnte, durchstreifte er Wälder und Gebirge. In Bad Hindelang erinnern an ihn noch das Prinz Luitpold Haus und das Prinz Luitpold Bad und eben der Prinze Gumpe.

Im Jahr 1998 wurde er neu angelegt durch Hintersteiner Bürger. Im Sommer trifft man sich hier gerne, um sich im Wasser oder bei einem kühlen Getränk in der anliegenden Gaststätte Buck-Winkel abzukühlen.

 Die komplette Teichanlage ist so angelegt, dass sich das Wasser selbst reinigt; der Eintritt ist frei, Spenden zur Erhaltung werden gern angenommen.

GÄSTEINFORMATION HINTERSTEIN /// AUF DEM BUCK 6 ///
87541 HINTERSTEIN /// WWW.HINTERSTEIN.DE ///

DIE TRÄUME IN DER WIRKLICHKEIT
EINFACH NACHBAUEN

Hinterstein – Kutschenmuseum

24

In einer durchkommerzialisierten Welt, in der der Preis einer Sache oft auch ihren Wert bestimmt, vergisst man gern, dass die schönsten Dinge nichts kosten: die Natur, die Liebe, die frische Luft. Das Betreten dieses in vielfacher Hinsicht bemerkenswerten Museums in Hinterstein kostet auch nichts, aber bringt einen dazu, sich ein wenig zu besinnen und sein tägliches Rennen zu unterbrechen.

Von außen sieht es aus wie ein gewöhnlicher Stadel – abgesehen von einer Fahrradfahrerfigur auf dem Dach. Im Inneren warten allerdings Szenerien auf einen, die einem die Augen aufreißen vor Staunen. Man befindet sich plötzlich inmitten von einem Leichenzug oder in einer winterlichen Schneelandschaft, bevölkert von Schaufensterpuppen. Der Mann, der das alles mit Idealismus und viel Fantasie verwirklicht hat, heißt Martin Weber und ist sehr bescheiden: »Als Kunst seh ich es nicht an, was ich mache. Das wär eine Anmaßung und überheblich«, sagt er. Aber über das Wesen von Kunst soll man hier sowieso nicht nachdenken, man soll sich einfach hineintreiben lassen in diese Fantasie oder, wie der Erschaffer es selbst nennt, in dieses »Wagnis zwischen Kitsch und Kunst«. Martin Weber baut hier seine Träume nach, seine Ideen, behauptet er, kämen ihm im Schlaf. Freilich stehen im Zentrum die Kutschen, darunter eben eine besonders wertvolle böhmische Totenkutsche, doch man wird hier nicht mit Information zugeschüttet, eher mit Atmosphäre. Und natürlich gibt es Kritiker, die sich so rein vom Gefühl her nicht packen lassen wollen. Im Lauf der Jahre gab der Erfolg allerdings dem Konzept recht. Das Museum ist ein Renner, die Besucher strömen, sie werden am Eingang auf einem Schild gebeten: »Im Museum bitte nicht sprechen«. Wer sich drauf einlässt, bekommt eine Auszeit geschenkt von der Hetze des Alltags, und wer das Museum wieder verlässt, hat das Gefühl, nun einen seiner Träume in die Tat umsetzen zu können.

✍ Von Hinterstein aus ist das Museum innerhalb eines zehnminütigen Spaziergangs zu erreichen. Der Weg führt malerisch entlang der Ostrach.

DER ATEMBERAUBENDE WEG ZUM »KÖNIG DER ALPEN«

Hinterstein – Giebelhaus und Prinz Luitpold Haus

25

Um es gleich zuzugeben: Wir haben die Adler, die man angeblich vom Giebelhaus aus sehen kann, nicht entdeckt, dafür aber die Murmeltiere. Da war eigentlich schon alles klar. Wenn Murmeltiere da sind, gibt es keine Adler. Sieht ein Murmeltier einen Adler, stößt es einen Schrei aus, damit die anderen gewarnt sind. Wenn man es sich genau überlegt, ist das blöd. Wenn ich als Murmeltier einen Adler sähe, würde ich mich verkrümeln.

Dann fräße der Adler meinen Nachbarn und ich käme heil davon. Dächte man. In Wirklichkeit ist es aber so, dass insgesamt weniger Murmeltiere gefressen werden, je mehr warnende Tiere in der Gruppe sind. Weil Kinder von Warnern auch wieder Warner sind, wächst die Gruppe mit den meisten Warnern auch am stärksten. Mittlerweile gibt es praktisch nur noch solidarische Murmeltiere, die anderen, die Egoisten, sind irgendwie verschwunden, gefressen wahrscheinlich. So erklärt uns die moderne Evolutionsbiologie dieses auffällige Verhalten.

Noch vor 100 Jahren sah man in den Alpen selten Steinadler. Man hatte sie aus einer diffusen Angst heraus genauso gejagt und ausgerottet wie Bär, Wolf, Luchs und den Bartgeier. Nur ein paar Steinadler hat man nicht erwischt, weil die Horste im Allgemeinen so schwer zugänglich sind. Seit den 70er-Jahren schützt man die Adler – mit Erfolg. In den Alpen brüten wieder 1.000 bis 1.200 Paare, allein 50 sind es in den bayerischen Alpen.

Bis zum Giebelhaus fährt der Bus. Auf dem Weg zum Hochvogel hinauf, den man auch als den »König der Alpen« bezeichnet, bietet es sich an, im Prinz Luitpold Haus zu übernachten. Es liegt inmitten von majestätischen Gipfeln in atemberaubender Umgebung auf einer Höhe von 1.846 Metern. Prinz Luitpold ließ es im Jahr 1880 höchstpersönlich auf seinem Grund errichten. Er selbst hielt sich gerne dort auf, wenn er sich auf der Jagd befand. Von hier aus ist der Gipfel des Hochvogels in etwa drei Stunden erreichbar. Ein fantastischer Ausblick erwartet einen.

✍ Das Prinz Luitpold Haus wird inzwischen vom Deutschen Alpenverein betrieben. Man kann von hier aus auch Klettertouren auf die Fuchskarspitze starten.

»Haben Sie denn schon eines gesehen?«, fragt mich die wildfremde Frau, die neben mir auf einer Bank sitzt. Natürlich habe ich schon mal eines gesehen. Ich weiß, wovon sie redet, was sie meint mit »eines«. Im Auwald entlang der Weidach bei Fischen seien die Eichhörnchen so zutraulich, dass sie einem aus der Hand fressen, heißt es. Wir sind alle hier, um zu erfahren, wie viel Wahrheit in dem Gerücht steckt.

Eine geradezu magische Atmosphäre herrscht im Eichhörnchenwald, weit weg vom Straßenlärm der Fischen durchquerenden Bundesstraße; auf dem Illerdamm, 100 Meter entfernt, ein paar Radfahrer. Über den Köpfen, in den Wipfeln, geraten zwei Rabenkrähen heftig aneinander, die Fetzen respektive die Federn fliegen. Und hier unten, da staksen komisch und aufmerksam die Menschen. Sie haben Plastiktüten in der Hand und halten vorsichtig Abstand zueinander. Wenn einer stehen bleibt und sich zu Boden beugt, dann laufen alle zu dem Punkt, wo der eine sich bückt, um zu sehen, warum er sich bückt – ob er Erfolg hat und sich auf seiner Hand eines niederlässt.

Und ich stelle mir vor, ein paar Meter höher zu sitzen, sagen wir als Eichhörnchen, und denke mir, dass dieses Schauspiel, das diese Menschlein hier abliefern, wunderbar und bizarr ist. Es sieht so aus, als ob ein unsichtbarer Puppenspieler sie dirigiert, sie aufeinander zu- und dann auch wieder voneinander weggehen lässt.

Die Geduld der Futter verteilenden Spaziergänger wird hier tatsächlich nie sehr lange strapaziert. In der Regel kommen die Eichhörnchen bald herunter und setzen sich in einem Sicherheitsabstand vor den Nussspender. Wenn der ein guter Mensch ist, sagt man, dann lässt sich eines auch nieder auf der Hand und knackt die Schale. Ja, hier im Wald sind sich die Menschen tatsächlich näher als draußen, zum Beispiel im Fischener Kurpark oder beim nahe gelegenen Minigolf, weil sie gemeinsam nach was suchen und auch gemeinsam was finden.

🐿 Vom Eichhörnchenwald kann man in knapp einer Stunde zum Illerursprung wandern, wo die Breitach, die Stillach und die Trettach zur Iller zusammenfließen.

GÄSTEINFORMATION BALDERSCHWANG /// DORF 16 ///
87538 BALDERSCHWANG /// 0 83 28 / 10 56 ///
WWW.BALDERSCHWANG.DE ///

EIN WENIG BEKANNTES NATURKUNSTWERK
Der Scheuenwasserfall bei Balderschwang

27

Balderschwang liegt etwas abgelegen, man erreicht es von deutscher Seite aus über den Riedbergpass. Hierher fährt man gern im Winter, weil man praktisch Schneegarantie hat. Die Gemeinde ist mit rund 250 Einwohnern die kleinste in Bayern, hat aber den höchstgelegenen Ortskern in Deutschland (1.044 Meter) und verzeichnet den meisten Niederschlag: 2.450 Liter pro Quadratmeter. Deswegen fährt man hier gut Ski. Es gibt elf Lifte und über 70 Kilometer Loipe.

Wir kommen aber im Frühsommer und befinden uns am Ausgangspunkt vieler schöner Wanderwege. Nicht allzu frequentiert und auch für jüngere Kinder gut erreichbar ist der Scheuenwasserfall. Ein kleiner Anstieg über Wiesen und Bergwald führt uns zu diesem Naturkunstwerk. Und wer dann noch Wanderlust verspürt, kann den Hochschelpen besteigen und von dort aus zurück nach Balderschwang gehen. Mit Kindern ist man einen ganzen Tag unterwegs.

Östlich der kleinen Kirche von Balderschwang steht eine mindestens 2.000-jährige, vielleicht auch doppelt so alte Eibe. Eibenholz war früher wegen seiner Belastbarkeit und Elastizität gefragt bei Bogen- und Armbrustherstellern. Die Rekordeibe steht auf 1.150 Metern Höhe. Sie hat einen Durchmesser von 2,70 Metern und ist etwa sechs Meter hoch. Man vermutet, dass es eine »Doppeleibe« ist, die aus den Resten einer einzigen ursprünglichen Eibe besteht. Beide Teile haben das gleiche Geschlecht und treiben zur selben Zeit aus. Eiben verfügen über eine außergewöhnliche Regenerationsfähigkeit. Als einzige Nadelbaumart können sie aus dem Stock ausschlagen. Das immergrüne Gewächs ist extrem giftig. Verschluckt man Nadeln, werden Verdauungsorgane, Nervensystem, Leber und Herzmuskulatur geschädigt. Der Puls schlägt schneller, die Pupillen weiten sich, man erbricht und fällt in Ohnmacht. 50 bis 100 Gramm Eibennadeln sind tödlich für einen erwachsenen Mann.

🌿 An der alten Eibe kommt man zum Beispiel vorbei, wenn man auf den Siplinger Kopf steigt – eine reizvolle, allerdings etwas anspruchsvollere Tour.

BREITACHKLAMM /// KLAMMSTRASSE /// 87561 OBERSTDORF ///
0 83 22 / 48 87 /// WWW.BREITACHKLAMM.DE ///

DIE TIEFSTE KLAMM IM ALLGÄU
Oberstdorf – Breitachklamm

28

Gut, von Geheimtipp kann man nicht reden. 300.000 Menschen besuchen die Breitachklamm im Jahr und sie sind alle nicht auf der Suche nach Abgeschiedenheit in der Natur. Aber genau Letztere bietet hier eine Sensation, sodass man gar keinen Blick mehr hat für die Menschenströme. Bis zu 150 Meter tief hat sich die Breitach, die zusammen mit der Trettach und der Stillach ein Quellfluss der Iller ist, ins Gestein gegraben.

Vor 10.000 Jahren, nach dem Ende der Würmeiszeit, nahm der Fluss, der sich aus abschmelzenden Gletschern speiste, seine Arbeit auf und schuf die knapp zwei Kilometer lange Klamm. Die meiste Zeit war dieser stellenweise nur zwei Meter enge Abgrund den Menschen unheimlich, keiner traute sich da hinein in die »Höllenschlucht«. Es gibt eine Geschichte, nach der im Jahr 1857, kurz vor Weihnachten, der Oberstdorfer Förster Schwarzkopf einen Hirsch jagte und anschoss. Auf der Flucht stürzte das prächtige Tier in die Breitachklamm hinunter. Der Tiefenbacher Seraphim Schöll ließ sich daraufhin 25 Gulden zahlen und in die Schlucht abseilen. Er fand den Hirsch, konnte ihn aber nicht bergen. Seinem Helfer Speiser gelang es, ihn unten auszuweiden, daraufhin konnte man die Beute nach oben ziehen.

1901 bekam Tiefenbach einen neuen Pfarrer: Johannes Schiebel. Die Breitachklamm ließ ihm keine Ruhe; er meinte, daraus müsse man was machen. Er sammelte Geld. Die Südtiroler Johann und Giovanni Lucian begannen 1904 mit spektakulären Sprengarbeiten, bei denen die Männer an einem Seil in die Tiefe hinabgelassen wurden, um die Lunte zu zünden, und nach oben gezogen werden mussten, bevor die Ladung losging. Wie durch ein Wunder wurde niemand verletzt und am 4. Juli 1905 weihte Johannes Schiebel einen befestigten Weg durchs Naturwunder ein. Schon im ersten Jahr kamen 25.000 Stauner. Seitdem ist die Breitachklamm ein Magnet des Fremdenverkehrs, wenn auch Hochwasser immer wieder Instandsetzungsmaßnahmen erfordern.

✒ Die Breitachklamm ist auch im Winter begehbar. Die Wasserfälle sind dann zu Eis erstarrt. Im Sommer rauscht das Wasser am wildesten nach Regenfällen.

NATURBAD FREIBERGSEE /// FREIBERGSEE 2 /// 87561 OBERSTDORF ///
0 83 22 / 6 06 94 95 /// WWW.NATURBAD-FREIBERGSEE.DE ///

DER GRÖSSTE BERGSEE IM ALLGÄU
Der Freibergsee bei Oberstdorf

29

Wir waren selten so was von weg. Einer der Wege hinauf zum Freibergsee beginnt an der Haltestelle Renksteg, die an einer relativ stark befahrenen Straße liegt. Von dort aus geht es hurtig bergan, durch den Wald auf einem breiten Serpentinenweg. Und mit jedem Meter fällt ein Stück Alltag von einem ab. Oben angekommen atmet man schon anders: ruhiger, intensiver. Nach einem kurzen Stück liegt dann der Freibergsee vor einem, inmitten von Bergen. Ein Bilderbuchbild von einem Bergsee.

Er ist der größte Hochgebirgssee im Allgäu: 526 Meter lang und 484 Meter breit – insgesamt macht das 18 Hektar oder 25,2 Fußballfelder. Nach Fußballspielen ist uns nicht an diesem Sommertag, wir wollen in den See, an dessen tiefster Stelle es 25 Meter hinabgeht. So tief wollen wir nicht, nur rein und uns abkühlen und uns dann am Ufer ausstrecken eine kleine Weile. In dieser kleinen Weile vergessen wir die Zeit, aus der kleinen wird eine große Weile, ein ganzer Nachmittag. Auf 930 Metern Höhe ticken die Uhren anders. Doch wir sind nicht ganz raus aus der Zivilisation. Daran erinnert uns der Blick nach oben, nicht zu den Gipfeln, nein, am Rand des Freibergsees ragt die Heini-Klopfer-Skiflugschanze empor. Diese immerhin viertgrößte Skiflugschanze der Welt streckt ihren Sprungturm in die natürliche Umgebung wie ein betongewordener Dinosaurier seinen Kopf. Das irritiert ein bisschen. Aber die Schanze gehört zu Oberstdorfs Wahrzeichen, liebevoll wird sie von den Einheimischen »Schiefer Turm von Oberstdorf« genannt. Heini Klopfer war ein Skispringer und Architekt, nach dessen Plänen 1950 die erste Schanze an dieser Stelle errichtet wurde, damals noch aus Holz.

Lass sie springen im Winter, denke ich, so lange liegen wir hier nicht. Im Winter kommen wir dann wieder und wandern, da ist es auch schön.

✑ Wunderbar baden kann man auch im Moorbad, südlich von Oberstdorf gelegen. Auch hier reinigt sich das Wasser selbst, ohne chemische Zusätze.

WIDDERSTEINHÜTTE /// A-6767 WARTH ///
00 43 / 6 64 / 3 91 25 24 /// WWW.WIDDERSTEIN-HUETTE.AT ///

In *Alpendöner*, dem ersten Krimi mit dem Helden Birne, wird der Widderstein zu einem regelrechten Schicksalsberg. Birne fährt dorthin mit einer Begleitung, in die er sich ein bisschen verliebt hat, und ist voller Zuversicht: »Berge passten Birne jetzt optimal rein. Berge konnten bezwungen werden. Birne würde Berge bezwingen und wer Berge bezwingt, fürchtet sich vor Menschen nicht mehr.«

Am Ende des Tages wird er gescheitert sein und verloren haben, wie nur einer verlieren kann. Aber zu Beginn, am Fuß des Berges, genießt er die Wanderung durch das Bärgunttal, den ersten leichten Anstieg, seine Rast an der Bärgunthütte, an der ihm ein lustiges Schild auffällt. Das ist aber keine Besonderheit, weil einen doch bei jeder Wanderung an jeder Hütte die lustigen Schilder anspringen, als ob der Sinn der Hütten für den Wanderer weniger in der Bewirtung als in der Belustigung läge. Hier heißt es auf dem Schild zum Beispiel: »Selbstverständlich können Sie Ihre selbst mitgebrachten Speisen und Getränke auf Ihrer selbst mitgebrachten Terrasse verzehren, nur bitte nicht auf dieser.« Nett, oder?

Doch weiter: »Berge sind Jahrmillionen alt, Berge sterben nicht. Menschen sterben und sind Jahrzehnte alt, sie sind aus Fleisch. Fleisch frisst man voller Verachtung für die Lebewesen, denen es mal Muskeln war. Die Steine isst keiner voller Respekt vor dem Berg, die sie mal waren. Birne würde heute einen Berg bezwingen.« Der Widderstein ist mit 2.533 Metern der höchste Gipfel des Kleinwalsertals und vom Örtchen Baad in einer vierstündigen Wanderung zu besteigen. Für das letzte Stück sollte man eine gewisse Trittsicherheit mitbringen. Belohnt wird man mit einer traumhaft schönen Aussicht über die Alpen und das Alpenvorland.

Im Roman packt es Birne nicht ganz, weil er unterwegs eine unangenehme Begegnung hat. Aber denken wir dran: Das Scheitern bedeutet immer auch eine Chance.

✍ Vor dem letzten Anstieg oder als Zwischenrast vor dem Abstieg bietet die Widdersteinhütte feine Brotzeiten und ebenfalls witzige Schilder.

KLEINWALSERTAL TOURISMUS /// IM WALSERHAUS ///
WALSERSTRASSE 264 /// A-6992 HIRSCHEGG ///
00 43 / 55 17 / 5 11 40 /// WWW.KLEINWALSERTAL.COM ///

Früher, als noch nicht eine solche Bilderflut von überall her auf einen einströmte, hatten die Menschen eine ganz andere Fantasie. Sie schauten hinauf in den Sternenhimmel und erkannten in einzelnen leuchtenden Punkten dort oben die Gestalten ihrer Mythen. Oder sie schauten hinauf zum Berg Ifen und sahen ein gestrandetes Schiff, davor brandete ein Meer aus Stein: das Gottesackerplateau.

Wenn man durch das Gottesackerplateau marschiert, kann man auch das Gefühl haben, über einen Gletscher aus Felsen zu gehen oder über eine neun Quadratkilometer große Kunstinstallation, solch bizarre Formen hat die Natur hier erschaffen. Der Gottesacker ist das größte bayerische Kalkplateau. Die Karstlandschaft steht komplett unter Naturschutz. Im Laufe von Jahrmillionen hat das Wasser Rillen und Klüfte aus dem Kalk gelöst – sogenannte Karren oder Schratten. Die hierbei wirksame Kohlensäureverwitterung ist nur in Gestein mit hohem Gehalt an Calciumcarbonat möglich. Wasser und Kohlenstoffdioxid bilden Kohlensäure und diese ist wiederum in der Lage, Calciumcarbonat zu lösen, das mit dem Wasser durch Spalten und Klüfte tief in den Kalk hinein versickert. Dort unten läuft das Wasser dann zusammen und schafft zahlreiche Karsthöhlen unterhalb des Plateaus. Die größte ist das Hölloch, die tiefste Höhle im Allgäu und mit 10.900 Metern Gesamtlänge nach dem Riesending bei Berchtesgaden die zweitlängste bekannte Höhle Deutschlands. Sie verfügt über einen 76 Meter tiefen Eingangsschacht und ist vom Mahdtal aus erreichbar. Der gesamte Höhenunterschied beträgt 452 Meter. Bereits Anfang des 20. Jahrhunderts wagten sich Erste ins Innere, 1949/50 wurde sie wissenschaftlich untersucht.

Die Wanderung übers Gottesackerplateau lohnt sich am meisten im Juli und August, wenn man die ganze Pracht der Kleinflora bewundern kann: Enziane, Alpenschlüsselblumen, Himmelsherolde und vieles mehr.

✐ Von der Ifenhütte in 1.600 Metern Höhe ist der Ifen in zwei Stunden erreichbar. Die Wanderung über das Gottesackerplateau bis ins Mahdtal dauert sieben Stunden.

MUSIK DER WELT
Rainer von Vielen

Als der ehemalige Verteidigungsminister Karl Theodor zu Guttenberg zurücktreten musste, weil er weite Teile seiner Doktorarbeit abgeschrieben hatte, reagierten Rainer von Vielen und seine Band musikalisch: In ihrem Lied *Copy Paste*, das sie prompt im Internet veröffentlichten, ziehen sie süffisant über den Guttenberg her. »Dann Haargel in die Haare, AC/DC auf die Ohren / hab ich nichts zu sagen, hab ich schnell verloren / also gucken, was die anderen schreiben, Quellen dürfen fließen / aber Namen nicht bleiben, damit die Lorbeeren sprießen.«

In der letzten Strophe heißt es plötzlich: »Wer nicht kann, was er will, muss wollen, was er kann. / Muss ich das tun oder hab ich die Wahl? Copy Paste / Bin ich Kopie oder Original? Copy Paste.« – Ein neuer Zusammenhang jenseits des Politischen. Wer ist dieser »er«? Sind das wieder wir? Müssen wir wollen, was wir können, nur weil wir nicht können, was wir wollen? Rainer von Vielen kann viel.

Neue Kontexte schaffen. In der Karriere von Rainer Hartmann und seiner Band gibt es immer wieder bestimmte Meilensteine, mit denen sie die Aufmerksamkeit der Öffentlichkeit auf originelle Weise auf sich lenken konnten. Auf dem Album *Milch & Honig* von 2010 gibt es ein Lied mit dem Titel *Mein Block*. Es ist nicht von Rainer von Vielen, sondern von dem als Skandal-Rapper bekannt gewordenen Sido. In Sidos *Mein Block* geht es um das Viertel, in dem er wohnt: »Steig ein, ich will dir was zeigen, / Der Platz, an dem sich meine Leute rumtreiben. / Hohe Häuser, dicke Luft, ein paar Bäume, / Menschen auf Drogen – hier platzen Träume.« Bei Rainer von Vielen ist der Song kein Hip-Hop mehr. Er spielt Akkordeon und sein Block ist nicht Berlin, sondern das Allgäu. Im von Daniel Munding gedrehten Video sieht man bei »Hohen Häusern« Berge, bei »dicker Luft« einen Schubkarren voll Mist und bei »Menschen auf Drogen« die Band Weizenbier trinken.

Die Musik dieser Band kann man auf keinen Fall als pure Volksmusik bezeichnen, wenn auch Elemente aus ihr in die Mischung mit einfließen. Man hört auch Hip-Hop, Punk, viel Electro, Pop und Weltmusik in ihr – Rainer von Vielen reichert viele seiner Lieder mit Obertongesang an. Alles scheint möglich, nur eines nicht: sich und seiner Musik Grenzen setzen. Der Erfolg nimmt stetig zu, damit kommen die Musiker viel rum, spielen auf zahlreichen Festivals und in Clubs; es sind inzwischen bis zu 130 Auftritte im Jahr. Dennoch gibt es eine feste Verwurzelung im Allgäu, wo die Gruppe auf einem abseits gelegenen Bauernhof probt, lebt und aufnimmt.

Rainer Hartmann wurde 1977 in Kempten geboren. Das erste musikalische Lebenszeichen, das er als Rainer von Vielen an die Welt sandte, war 1998 die auf dem Dortmunder Label DECK 8 veröffentlichte EP *Alles und noch mehr*. 2001 folgte das Album *0160-98236130* – diese Nummer konnte man anrufen, dann hatte man den Sänger am Telefon. Mittlerweile ist die SIM-Karte aus dem Handy herausgenommen. In den kommenden Jahren spielte die Musik nicht mehr die ausschließliche Hauptrolle. Rainer absolvierte ein Studium an der Ludwigsburger Filmakademie, nebenher stieg er bei der Band *Orange* ein, wo er auch heute noch singt und Sounds programmiert. Der große Bekanntheitsschub kam 2005 mit dem Gewinn des Protestsongcontests vom österreichischen Radiosender FM4. 2008 tat sich Rainer mit den Musikern Niko Lai (Schlagzeug), Dan Le Tard (Bass) und Mitsch Oko (Gitarre) zusammen. Inzwischen sitzt Sebastian Schwab am Schlagzeug. Die erste Platte *Kauz* erschien im Mai 2008 und enthält die tolle Single *Plan X*.

Außergewöhnliche Musik ist nicht das Einzige, wofür Rainer von Vielen steht. Zu vielen Liedern gibt es gelungene Videoclips. Bei dem sehr sehenswerten *Asche zu Asche* handelt es sich um ein Schulprojekt des Gymnasiums Immenstadt. Rainer von Vielen ist nach allen Seiten offen; egal, was als Nächstes kommt, es wird spannend und neu sein.

WESTALLGÄU

PROLINDAU MARKETING GMBH & CO. KG /// **LENNART-BERNADOTTE-HAUS** /// **ALFRED-NOBEL-PLATZ 1** /// **88131 LINDAU** /// **0 83 82 / 26 00 30** /// **WWW.LINDAU-TOURISMUS.DE** ///

WO DIE KLUGEN KÖPFE TAGEN
Lindau

32

Wer nach Lindau kommen will, sollte einen Nobelpreis gewonnen haben. Oder auf dem Weg dazu sein. Seit 1951 treffen sich hier jährlich Nobelpreisträger, tauschen sich aus und genießen die herrliche Umgebung, die der Bodensee bietet. Graf Lennart Bernadotte, der Besitzer der Insel Mainau, war am Anfang als Ehrenprotektor dabei. Später wurde er erster Präsident des Kuratoriums für die Tagungen der Nobelpreisträger.

Der Graf hatte verwandtschaftliche Beziehungen zum schwedischen Königshaus und damit beste Kontakte zum Nobelpreiskomitee. Anfangs waren nur die Preisträger für Chemie, Physik und Medizin eingeladen. Sie warnten in der *Mainau Declaration* von 1955 vor dem Einsatz von Kernwaffen. Mittlerweile ist die Tochter, Gräfin Bettina Bernadotte, Präsidentin des Kuratoriums. Das Treffen hat seinen Charakter ein wenig verändert, es ist offener geworden. Neben den Laureaten selbst kommen auch über 650 Jungwissenschaftler aus 88 Ländern zu dem Treffen, bei dem die *Mainauer Deklaration 2015 zum Klimawandel* verfasst wurde. Sie hören die Vorträge der Nobelpreisträger, lassen sich inspirieren für ihre eigene Arbeit, knüpfen Kontakte und pflegen den lockeren Austausch, der auch von enormer Wichtigkeit ist bei der Tagung. Jeder, der irgendwann einmal mit Wissenschaft zu tun hatte, weiß, wie viele gute Ideen bei einem Pausengespräch entstehen.

Seit 2004 dürfen auch die Ökonomen nach Lindau kommen. In ihrem Fach gibt es ja eigentlich keinen Nobelpreis zu gewinnen. Alfred Nobel sagte: »Ich hasse Ökonomen« und wäre nicht auf die Idee gekommen, deren Arbeit finanziell zu honorieren. Seit 1968 stiftet aber die Schwedische Reichsbank einen *Nobel-Gedächtnispreis für Wirtschaftswissenschaften*. Der wird aber verkürzt auch immer als Nobelpreis bezeichnet. Seit 2000 gibt es eine Stiftung *Lindauer Nobelpreisträgertreffen am Bodensee*, die den Fortbestand des Treffens finanziell absichert.

✎ Von Lindau aus kann man einen kleinen Ausflug ins benachbarte hübsche Wasserburg machen, wo Horst Wolfram Geißlers Roman *Der liebe Augustin* spielt.

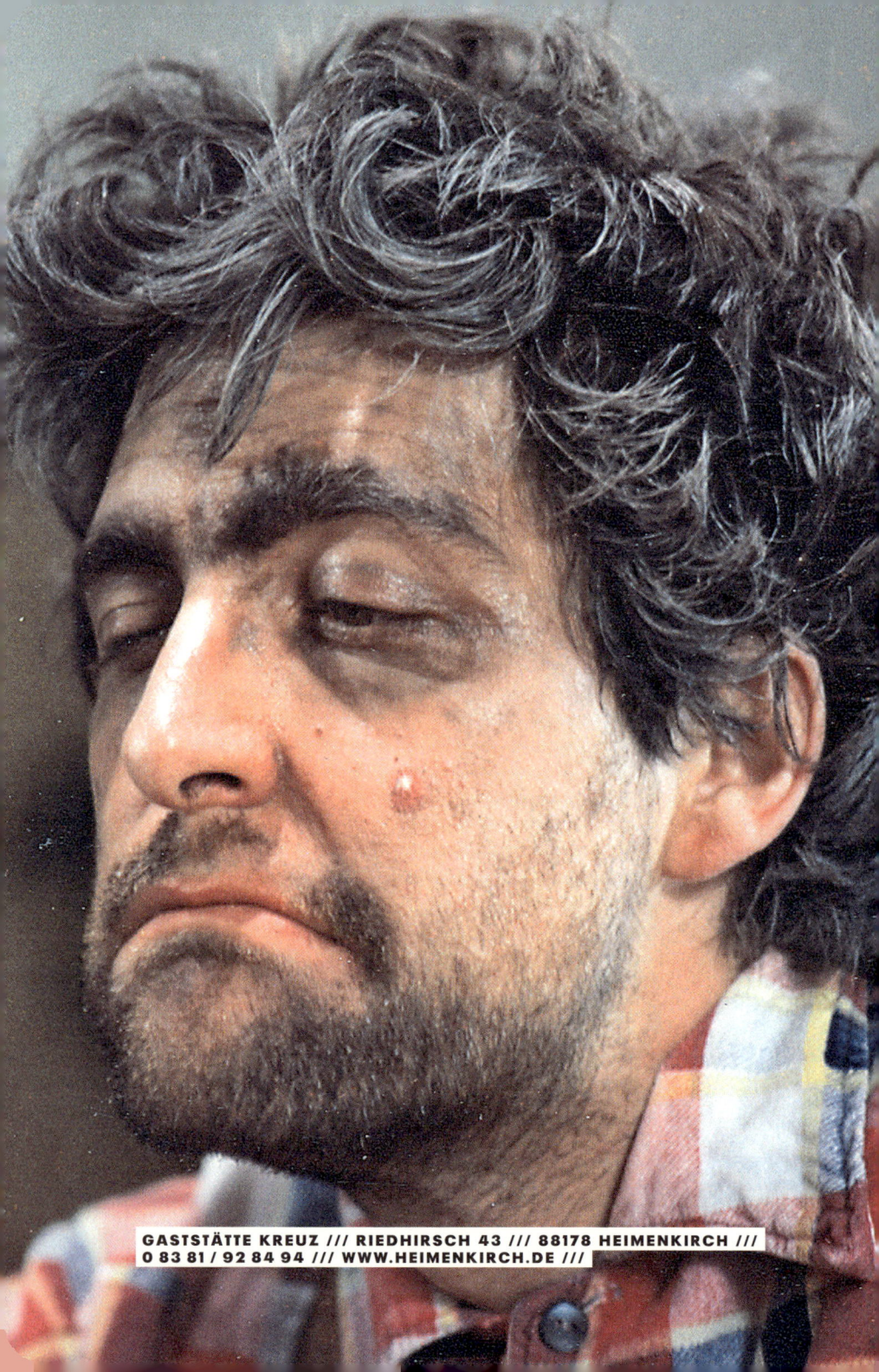

DER WICHTIGSTE FILM AUS DEM ALLGÄU
Heimenkirch – Kreuz

33

Der Teufel kommt nicht aus dem Westallgäu, sondern mehr aus dem Unterland. Dafür schwätzt er aber Allgäuer Dialekt. Zumindest in dem Kultfilm *Daheim sterben die Leut'* von Leo Hiemer und Klaus Gietinger. Kult ist hier nicht übertrieben – der Film war einerseits kommerziell erfolgreich, andrerseits stellt er wahrscheinlich das beste cineastische Porträt des Allgäus dar.

Es geht um einen Bauern, der sich gegen den Anschluss seines Hofs an eine Fernwasserleitung zur Wehr setzt. Sowohl handgreiflich – er sticht den Landvermessern mit der Mistgabel in den Autoreifen – als auch übersinnlich: Ein Gesundbeter stellt dem größten Widersacher, dem Landrat, das Wasser ab, das heißt, der kann nicht mehr aufs Klo. Und in einem Film, in dem derart Magisches möglich ist, wundert es auch keinen, wenn der Teufel auftritt. Er erscheint dem Buben des Bauern in seiner ersten Liebesnacht. »Und wia isch es so mit am Mädla?« »Schea.«

In der Geschichte steckt auch Wahrheit. Es gab in den 70er-Jahren Bauern, gegen die die Polizei vorging, weil sie sich gegen den Zwangsanschluss ans Wassernetz wehrten. Es gibt auch heute noch Gesundbeter und eine Menge Leute, die an deren Wirken glauben.

Damals war die Crew auf einem Hof untergebracht, der sowohl Wohnraum als auch Drehort war. Aus Rücksicht auf die heutigen Bewohner wird seine Lage nicht verraten; dafür gibt es das *Kreuz* noch: Die Kneipe, in der sich die Jungen im Film treffen, ist heute ein Gasthof. Derjenige, der im Film den Wirt spielt, hat sie kurze Zeit nach Drehende übrigens selbst übernommen.

Die Regisseure besetzten damals die Rollen mit Laienschauspielern, die sie von Volksbühnen wegcasteten. Deswegen wirken die Menschen im Film beim Betrachten heute noch so authentisch, als seien sie echt die aus dem Nachbardorf. Kein Wort zu viel wird geredet, die Landschaft sagt alles. Wer Hand an sie legt, hat schon unrecht.

✍ Aus Meckatz, einem Ortsteil von Heimenkirch, stammt übrigens ein Weizen, das Meckatzer, das sich bei Bierkennern großer Beliebtheit erfreut.

16670

GÄSTEAMT STIEFENHOFEN /// HAUPTSTRASSE 16 ///
88167 STIEFENHOFEN /// 0 83 83 / 72 00 /// WWW.STIEFENHOFEN.DE ///

Das Mädchen hat einen Davidstern auf dem Kleid, der Mann, der neben ihr steht, trägt Sträflingskleidung und eine Nummer. Baracken und Stacheldraht stehen im Hintergrund, aus dem Krematorium steigt Rauch auf. Der Mann ist der Pater Maximilian Kolbe, das Mädchen Gabriele Schwarz. Beide wurden im Konzentrationslager Auschwitz-Birkenau ermordet. Kolbe im Jahr 1941 und Gabriele 1943.

Die dunkle Geschichte beginnt am 24. Mai 1937: In Marktoberdorf bringt die Atemlehrerin Charlotte Eckart ein Kind zur Welt, das gleich katholisch getauft wird. Der Vater bleibt unbekannt, die Mutter ist Jüdin. Aus Angst um ihre Tochter gibt sie diese wenige Wochen nach der Geburt in die Obhut der Bauernfamilie Aichele in Stiefenhofen. Dort verbringt Gabriele Schwarz einige unbeschwerte Jahre in einer scheinbar heilen Welt. Nach den Nürnberger Rassegesetzen von 1935 gilt Gabriele als Volljüdin. Johann Aichele gelingt es, Gabrieles Herkunft im Dorf eine Weile geheim zu halten. Doch am 13. Februar 1943 steht der Bürgermeister – wohl auf Anweisung der Gestapo – vor der Tür und verlangt von den Aicheles, Gabi am anderen Morgen nach Immenstadt auf den ersten Zug zu bringen. Sie kommt in ein jüdisches Sammellager nach Berg am Laim bei München. Johann Aichele gibt nicht kampflos auf, mit dem Oberlehrer Johann Pletzer aus Genhofen fährt er nach München. Pletzer spricht mit Aichele bei der Gestapo vor. Man vertröstet sie, verspricht, den Fall zu prüfen. Und dann ist das Lager plötzlich geräumt: Alle sind nach Auschwitz gebracht und ermordet worden – auch Gabi Schwarz.

Einfach war die Aufarbeitung dieser Ereignisse nicht, lange wollte man am Ort des Geschehens nicht darüber reden. Erst in den 90er-Jahren wurde in der Pestkapelle bei Stiefenhofen ein Fensterbild eingelassen, das Gabriele Schwarz und Maximilian Kolbe zeigt und für immer an das Böse erinnert, das Menschen Menschen antun können.

✄ Leo Hiemer hat 1994 die Geschichte verfilmt. *Leni … muss fort* hat zahlreiche Preise gewonnen und das Prädikat »besonders wertvoll« erhalten.

DIE NATUR UNTER DER BRÜCKE
Maierhöfen – Eistobel

35

Es ist ein brutal heißer Junitag im zweiten Jahrzehnt des dritten Jahrtausends nach Christi Geburt. Wir jagen mit dem Auto durch die unbeschreiblich schöne Landschaft von Isny nach Oberstaufen und wir haben Durst und ein dringendes Bedürfnis nach Abkühlung. Da lockt uns ein Parkplatz kurz hinter der Argentobelbrücke, anzuhalten und in den Eistobel abzusteigen. Wobei es auch hier im Sommer natürlich kein Eis hat.

Tobel ist ein altalemannisches Wort für ein schluchtartiges, bewaldetes Tal. Dieser Tobel, den wir hinabsteigen, trägt Eis im Namen wegen der bizarren, verrückten, beeindruckenden Formen, die das gefrorene Wasser im Winter hier annimmt. Der Haken: Im Winter ist der Eistobel gesperrt – zu gefährlich. Wer die Gefahr liebt und trotzdem hinuntergeht, tut dies auf die eigene und bekommt ein Schauspiel geboten, das zunächst seinesgleichen sucht.

Aber wir sind Sommergäste, wir zahlen brav Eintritt am Kiosk (1,50 Euro) und gehen brav den ausgebauten Weg zum Fuß der Argentobelbrücke. Dort staunen wir erstmal über dieses gewaltige Bauwerk, dieses Wunder der Ingenieurskunst, das sich über uns 54 Meter hoch spannt. Dort oben stehen Menschen, abgestiegen von ihren Fahrrädern und bestaunen – ohne bislang Eintritt gezahlt zu haben – umgekehrt uns hier unten und das sich vor uns erstreckende Naturspektakel. Über eine Strecke von drei Kilometern stürzt uns nun das Wasser der Oberen Argen entgegen. Wir gehen vorbei an Wasserfällen, kleinen wie großen, Kiesbänken, Bächen, die sich von der Seite ihren Weg zur Argen suchen, eingerahmt von über 50 Meter hohen Nagelfluhwänden, an denen der Blick begeistert nach oben wandert.

Hier oben soll keiner mehr baden, auch nicht der, der die Gefahr liebt, weil ihn unterirdische Strömungen im fünf Meter tiefen Wasser wegreißen würden. Aber unten im Tobel, da können auch noch Kinder in die knöcheltiefe Flut steigen und auch wir finden Abkühlung.

🍷 Das Gästeamt Maierhöfen bietet geführte kulinarische Wanderungen durch den Eistobel an. Es gibt Wein, Käse und andere regionale Spezialitäten.

STATUEN UND SCHATTEN
Isny – Kunsthalle

36

Das Theater in einer kleinen Stadt schließt, weil keiner mehr die Stücke sehen will. Die Souffleuse ist überflüssig, nimmt leise Abschied von der geliebten Bühne. Da bemerkt sie einen Schatten, der zu niemandem gehört, der ebenso einsam ist. Sie nimmt ihn bei sich auf. Dem einen Schatten folgt der nächste und diesem noch einer, bis die alte Dame ein komplettes Schattentheater voll hat.

So geht die wunderbare Geschichte *Ophelias Schattentheater* von Michael Ende los. Die kongenialen Illustrationen des Buches stammen von Friedrich Hechelmann, und der stammt aus Isny, wo er auch immer noch lebt und wo seine Werke an einem besonderen Ort ausgestellt sind: in der Kunsthalle des Schlosses.

Geht man die Wassertorstraße hinab und biegt kurz vor dem Wassertor rechts ab, gelangt man an der evangelischen Nikolai- und der katholischen Georg-und-Jakobus-Kirche vorbei zum Schloss. Dort steht man dann inmitten des großen Innenhofs des ehemaligen Benediktinerklosters und entdeckt die kopflose Frauenfigur. Sie zeigt dem Besucher den Eingang zur Kunsthalle an, prachtvoll restaurierte Räume, in denen neben den Gemälden Hechelmanns auch 60 Marmor- und Bronzerepliken hellenistischer Skulpturen zu sehen sind.

Friedrich Hechelmann selbst wurde 1948 geboren und lernte in den 80er-Jahren Michael Ende kennen. Das Ergebnis dieser Begegnung ist *Ophelias Schattentheater*. Ophelia bringt ihren Schatten bei, die großen Werke der Weltliteratur zu spielen. Eines Tages trifft sie den größten Schatten, den Tod. Auch den nimmt sie auf, weil auch er einer ist, den keiner will. Diese Geschichte spendet Trost und Kraft, und das liegt zum guten Teil an Friedrich Hechelmanns Bildern, die vorsichtig romantisch schimmern. Überhaupt bedeutet das Betrachten seiner Bilder ein Eintauchen in fremde, fantastische Welten, in denen man ganz verschwinden will, zumindest in dem Augenblick, in dem man vor ihnen steht.

✐ Bei den jährlich stattfindenden Sommerakademien kann man, direkt von Friedrich Hechelmann angeleitet, seine Mal- und Zeichenleidenschaft ausleben.

DIE WITZIGEN BRUNNEN
Wangen

37

»In Wangen bleibt man hangen«, sagt man. Das ist nicht nur gut, weil es sich reimt, sondern auch, weil es stimmt. Egal, ob man über den Saumarkt oder auf der Herrenstraße geht oder entlang der Stadtmauer zur Eselsmühle, man findet ständig wunderbare Cafés und Plätze, wo man sich niederlassen will. Wangen verlassen will man erst, wenn man da überall gesessen ist, und das dauert, da hängt man, keine Frage.

Wir spazieren zum Zunfthaus und treffen dort unter der Stadtmauer auf eine Gruppe von Schauspielern, die gerade ansetzt zu proben. Im Juli und August finden an dieser Stelle die *Festspiele Wangen* statt. Für die Erwachsenen gibt es diesen Sommer *Amphitryon* und für Kinder *Pippi Langstrumpf* vor der prächtigen Kulisse der alten Stadtmauer zu sehen. Wie wir dastehen und uns das erklären lassen, biegt auf einmal Pippi um die Ecke – die Schauspielerin, die Pippi spielen wird. Die Kinder glauben es erst gar nicht, weil die Pippi in ihrer Fantasie doch anders ausgesehen hat, aber schließlich lassen sie sich überzeugen, war doch der ganze Tag hier in Wangen schon einer voller Überraschungen und Staunen. Da saß zum Beispiel auf dem Saumarkt der heilige Antonius und um ihn herum suhlten sich kleine und große Schweine im Brunnenwasser, andere Schweine waren dort über den ganzen Marktplatz verteilt zu suchen und zu finden.

Ein anderer bemerkenswerter Brunnen steht außerhalb der Stadtmauer, hinter der berühmten Badestube; da ist ein Mann, dem eine Frau Wasser über den Kopf schüttet, die wäscht ihm den Kopf vor allen, die da vorbeikommen. Aber der witzigste Brunnen ist der mit den »verdruckten Allgäuern« vor dem Landratsamt. Da liegen ein paar munter dreinschauende Gesellen aufeinander. Auf einmal, wenn man überhaupt nicht damit rechnet, spritzt einer eine Gosch voll Wasser auf einen Ahnungslosen, der gerade in der Schussbahn steht. Klar, ohne Wasser wäre der *Amtsschimmelbrunnen* ja kein Brunnen.

🕮 Wenn man sich dann entscheiden muss, wo man sich niederlässt, ist eine Einkehr beim *Fidelisbäck* in der Paradiesstraße ein häufig empfohlenes Ziel.

Rundgang →

← Rückweg

**BAUERNHAUS-MUSEUM WOLFEGG /// VOGTER STRASSE 4 ///
88364 WOLFEGG /// 0 75 27 / 9 55 00 ///
WWW.BAUERNHAUSMUSEUM-WOLFEGG.DE ///**

Konzentriert, ohne sich von ihrer Umwelt in irgendeiner Form ab-
lenken zu lassen, arbeiten die Kinder mit Seifenlauge und Filzwolle,
formen kleine Bälle oder Seifenschalen. Sie sind still begeistert; als
Teilnehmer des Ferienprogramms im Bauernhaus-Museum werkeln
sie im Schopf Häusing, einer Wagenremise, die zum Hof aus Häusing
gehört, der 1995 von seinem ursprünglichen Standort hierher umgezogen ist.

Nach Wolfegg ziehen Häuser – ohne ihre Bewohner. Eben er-
wähnter Hof wurde seit 1985 nicht mehr bewirtschaftet und stand leer.
Seit 2004 kann man ihn im Museum betreten und hineinschnuppern in
das bäuerliche Leben, wie es war vor 200 Jahren und sehen, wie es sich
weiterentwickelte im Lauf der Zeit. Keller und Dachboden wirken
noch sehr ursprünglich und zeugen von einem einfachen, aber nicht
unbedingt einfach zu bewerkstelligenden Leben. In der Stube im Erd-
geschoss sehen wir aber schon, wie Fernsehen und Radio, natürlich in
nostalgischen Großelternausgaben, Einzug ins Leben gehalten haben.

Das Bauernhaus-Museum ist nicht das einzige bemerkenswer-
te Museum in dem kleinen Wolfegg. Im Seitenflügel des Schlosses
hat der Sammler Fritz B. Busch sein Automobilmuseum eingerichtet.
Auf 3.000 Quadratmetern in zwei Gebäuden zeigt er dicht an dicht
stehend über 200 Oldtimer – auch sie Zeugen vergangener Zeit, als
die Bürger mobil wurden und eine neue Freiheit auf dem Straßen-
asphalt fanden. Sein Museum ist ein »Erzähl-Museum«, jedes Aus-
stellungsstück bringt seine eigene Geschichte mit.

Auch wir kommen schließlich weiter auf dem Gelände des Bau-
ernhaus-Museums, die Kinder haben ihre Filzarbeiten abgeschlossen
und tragen sie stolz weiter zum Trocknen. Wir wandern an Gänsen
und Ziegen vorbei und erkunden die 15 weiteren historischen Gebäude, die aus ihren oberschwäbischen und württembergischen Her-
kunftsorten umgesiedelt sind. Sie ergeben ein feines Ensemble, ein
gut konserviertes Stück Vergangenheit.

Ebenfalls ein historisches Gebäude ist das Fischerhaus, es be-
herbergt die Museumsgaststätte und lädt ein zu einem Schmaus
an einem malerischen Flecken.

LEPROSENHAUS /// LEPROSENBERG 1 /// 88410 BAD WURZACH ///
0 75 64 / 30 21 50 /// WWW.LEPROSENHAUS.DE ///

DER MALER AUS DEM LEPROSENHAUS
Bad Wurzach – Leprosenhaus und Schloss

39

Früher wussten die Menschen vieles nicht, daher waren manche ihrer Methoden brutal: Wenn jemand krank wurde und man ihn nicht heilen konnte, schmiss man ihn hinaus aus der Stadt, damit er keinen ansteckte. So entstanden überall sogenannte »Leprosenhäuser« für die »Aussätzigen«, die die Erlaubnis hatten, sich ihren Lebensunterhalt zusammenzubetteln, vor sich selbst aber mit Schellen und Klappern warnen mussten.

Dabei ist Lepra gar nicht so ansteckend, sie wurde vor allem durch die Kreuzritter in Europa verbreitet. Die Betroffenen wurden durch das Bakterium unempfindlich gegen Schmerzen und infizierten sich durch Verletzungen leicht mit Tuberkulose oder Tetanus. Daran konnten sie sterben. In Bad Wurzach wurde das Leprosenhaus im 18. Jahrhundert zu einer Unterkunft für Torfstecher umfunktioniert. Und zu Beginn des 20. Jahrhunderts wohnte eine Familie Mahler dort, deren Sohn Sepp 1901 auf die Welt kam.

Sepp Mahler bezeichnete sich selbst als »Lump« und »Vagabund«. Er ließ sich in den 20er-Jahren an der Stuttgarter Kunstgewerbeschule zum Maler ausbilden und zog danach durch die Welt ohne festes Ziel, jobbte hier und dort und ließ es sich ansonsten gut gehen. Zurück in der Heimat begann seine Karriere als Künstler, die im Dritten Reich ein jähes Ende fand, weil seine Kunst als entartet galt. Zwei Jahre saß er sogar dafür in Schutzhaft. Erst nach dem Krieg fand er die Anerkennung, die er verdient.

Heute sind im Leprosen-, seinem Geburtshaus, Bilder von ihm ausgestellt. Diese Bilder, denen der Einfluss Edvard Munchs anzusehen ist, sind Kommentare zum Zeitgeschehen. Oft malt Mahler Bäume und gebückte, düstere Menschen, Motive aus dem Wurzacher Ried; er malt, was die Menschen fühlten: ihre Unterdrückung und ihre Furcht. Später, in den 50er-Jahren werden Sepp Mahlers Formen abstrakter, die Farben heller, ein Aufatmen geht durch sein Werk. Auf dem Höhepunkt seines Schaffens verstirbt er 1975 an den Folgen eines Wanderunfalls.

✍ Unbedingt sehenswert ist auch das Schloss in Bad Wurzach mit seinem barocken Treppenhaus, in dem der griechische Götterhimmel dargestellt ist.

IN EINEM DER GRÖSSTEN MOORGEBIETE MITTELEUROPAS

Bad Wurzach – Das Wurzacher Ried

40

Am Anfang steht der Tod. Ein Moor beginnt in einer lebensfeindlichen Umwelt. Beim Wurzacher Ried ist der Ursprung ein See, der entstand, als sich nach der Riß-Eiszeit der Rhein-Gletscher zurückzog. Dieser See wuchs mit Pflanzen zu, die Mikroorganismen zersetzten. Dem munteren Wachstum wurde ein jähes Ende gemacht, weil sich die Kleinstlebewesen gegenseitig den Sauerstoff entzogen. Zurück blieb ein fauliger Schlamm.

Darüber siedelt sich nun Torfmoos an, das auch abstirbt, ohne danach sauber zersetzt zu werden. Nach und nach wächst das Moor nach oben und wird schön feucht gehalten vom Regenwasser. Nährstoffarm und sauer ist der Boden und der ideale Standort für seltene Pflanzen, die sonst keine Chance gegen die Konkurrenz haben: Wir finden den Sonnentau und eine Menge Heidelbeersträucher entlang des Wegs. Das halb verrottete Pflanzenmaterial, der Torf, ist auch für Menschen interessant: Er lässt sich verbrennen und als Dünger oder Streumaterial im Stall verwenden. Schon um 1750 begannen die Wurzacher, Torf abzubauen. Dazu musste das Moor entwässert werden. Der Torflehrpfad führt einen zunächst entlang eines solchen Entwässerungsgrabens zum Riedsee, der sich mit Wasser füllte, als man Ende des 19. Jahrhunderts anfing, Torf maschinell zu stechen – gewaltige Eingriffe in die Natur, die das Moor entscheidend störten. Nichtsdestoweniger entstanden neue Rückzugsgebiete für Tiere wie zum Beispiel die Ringelnatter.

Das Wurzacher Ried ist eines der größten Hochmoorgebiete Mitteleuropas, ein Drittel der 1.812 Hektar blieb von menschlichen Eingriffen weitgehend verschont. An anderen Stellen versucht man mit Staumaßnahmen den ursprünglichen Zustand wiederherzustellen und die Verwaldung rückgängig zu machen. Als Wanderer kann man hier stundenlange Spaziergänge durch eine herrliche und seltene Landschaft absolvieren oder sich mit der Torfbahn, die allerdings nur an bestimmten Terminen fährt, bequem durch die Gegend kutschieren lassen.

🖋 Die Ausstellung im Naturschutzzentrum im Wurzacher Ortskern erzählt anschaulich die Entstehung eines Moors, der Torfabbau ist Thema des Torflehrpfads.

Nun gut, wenn man so ein Riesenmoor wie das Wurzacher Ried in der Nachbarschaft hat, kann man schon mal auf die Idee kommen, sich da reinzulegen. Tatsächlich hat ein Moorbad, bei dem Torf aus dem Moor ins Wasser gegeben wird, eine wohltuende und wohl auch eine gesundheitsfördernde Wirkung. Auf die setzt man im Vitalium in Bad Wurzach, wo Moorvoll- und -halbbäder angeboten werden.

Torf entsteht in Mooren, wenn Pflanzen nicht mehr vollständig abgebaut werden, weil die dazu notwendigen Mikroorganismen keine Lebensgrundlage mehr haben. Er besteht zu 30 Prozent aus organischen Stoffen, der Rest sind Wasser und Mineralien. Früh hatte man schon erkannt, dass sich dieses Material, wenn man es trocknet, als Brennstoff eignet. Es liefert ungefähr so viel Energie wie eine vergleichbare Menge Braunkohle. Heutzutage ist der Torfabbau zu aufwendig, man hat bessere Energieträger. Moore sind uns auch als Lebensräume zu wertvoll, als dass wir sie großflächig abtragen wollten. Bei der Verbrennung von Torf entstehen neben dem Kohlenstoffdioxid, das wir alle nicht mehr wollen, noch andere verdächtige Stoffe. Nur zur Herstellung von bestimmten Whiskeysorten wird Torf noch verheizt, das ist entscheidend fürs Aroma. Ansonsten finden wir Torf noch als Gartenerde und im medizinischen oder Wellness-Bereich.

Badetorf speichert Wärme sehr gut und gibt sie langsam ab. Ein Moorbad ist angenehm etwas über 40 Grad warm; wenn man 20 Minuten darin liegt, steigt die eigene Körpertemperatur an. Dadurch soll das Immunsystem angeregt werden und auch allgemein der Stoffwechsel. In der Moormischung befinden sich Huminsäuren, die entzündungshemmend sind.

Das Vitalium verfügt neben dem Therapieangebot über warme Innen-, Außen- und Liegebecken mit Massagedüsen, Schwallduschen, Sprudelbänken und Sprudelliegen, einen Whirlpool und eine ausgedehnte Saunalandschaft mit verschiedensten Saunen und Entspannungsbereichen.

🏊 Im Vitalium gibt es auch ein Fitnessstudio mit großen Fensterflächen für den Blick nach draußen, an über 30 Geräten kann man hier ausgiebig trainieren.

MALER UND LIEDERMACHER
Werner Specht

»Jedes Bild hat eine Geschichte«, sagt Werner Specht. Ein paar dieser Geschichten hat er gesammelt und aufgeschrieben in seinem wunderbaren Buch *Das Dorf am Ende der Zeit*. Er selbst ist darin der Bewohner dieses fiktiven Dorfs, er schildert den Jahreslauf dort, die Personen und die Ereignisse. Obwohl es diesen Ort nicht gibt, könnte er doch existieren, irgendwo im Allgäu zwischen Lindau und Füssen oder in Goßholz, einem kleinen Weiler bei Lindenberg, in dem Werner Specht zu Hause ist. »Eine Kapelle und 200 Einwohner.«

Der Rest des Buches ist gefüllt mit Bildern und Geschichten von den Originalen, die ihm begegnet und in seine Kunst eingeflossen sind. Werner Specht geht oft raus zum Zeichnen und Malen. Er beschreibt das so: »Ich mach einfach das, was auf mich zukommt, ich brauch mich nicht verkünsteln.« Das heißt, dass er keinen Trends auf dem Kunstmarkt hinterherrennt, nichts fabriziert für einen schnellen Achtungserfolg. Ganz im Gegenteil: »Ein Bleistift und ein Skizzenblock«, heißt es im Buch, »und du siehst so viele Dinge, an denen du vorbeigehst. Es ist ein Sammeln und Glücklichsein.« Unter den Menschen, die er auf diesem Weg traf, sind die Geschwister Schneider in Schalkenried, deren größte Reise die auf die Insel Mainau war zu einer Ausstellung, auf der Bilder von ihnen und ihrem Haus zu sehen waren. Oder die Familie Kaufmann in Bizau, die Danne Olga und der geheimnisvolle Mann von Roßhaupten. Von all diesen Orten und Personen existieren Bilder. »Dazu kommen die Dinge, die nur in meinem Kopf wachsen«, schreibt er. »Träume sind eine der farbenprächtigsten Landschaften, die ich kenne.«

Es gibt dieses Gefühl, wenn man vor einer Landschaft oder einer Person steht und plötzlich etwas Besonderes spürt. Doch es ist so schwer zu sagen, was einen da genau bewegt. Werner Specht ist in der Lage, das rauszuholen. Er führt es dem Betrachter seiner Bilder vor Augen und schenkt ihm so einen neuen Blick auf seine Umgebung, einen aufs Wesentliche konzentrierten. In der Presse stand einmal: »Werner Spechts Bilder sind a bizle so wie's Leabe selbst: fröhlich und traurig in einem, heiter und melancholisch zugleich, so gut wie nie aber nur das eine oder das andere. Immer Licht und Schatten oder Licht im Gegenlicht. Seine Bilder lassen Lebenszeit und Jahreszeit eins werden.« Heimat ist immer ein Thema für ihn, auch ihre Bedrohung, die er sehr wohl wahrnimmt in der Hektik von heute. »Als ich wieder aus meinem Traum erwache, sehe ich vor meinem Haus ein großes Möbelhaus und daneben ein riesiges Einkaufszentrum und jetzt weiß ich, mein Dorf am Ende der Zeit ist von der Wirklichkeit eingeholt worden.«

Werner Specht ist nicht nur Maler und Zeichner, er ist auch Musiker. Für ihn ist das ein Wechselspiel. Er möchte, »dass alles in einer Balance bleibt«. Es gebe vieles, was er von der Malerei in die Musik übernehme. »Beides befruchtet sich gegenseitig.« Schon sein Studium an der École de Paris und an der Hochschule für das Graphische Gewerbe in München hat der 1942 in Lindenberg Geborene sich mit der Musik finanziert. Er hat dabei »alles durchwandert, was man machen kann.« Mit der Band *Baccaras* war es zum Beispiel Rock. Schließlich, Anfang der 80er, fand er zu seinem Ding: Lieder im westallgäuer Dialekt. 1982 gewann er den Sieben-Schwaben-Preis der *Augsburger Allgemeinen*. Seitdem ist die Liedermacherkarriere nicht mehr zu bremsen. Ungefähr 400 Lieder und 15 CDs entstanden. Werner Specht erweist sich als äußerst vielseitig. Er spielt Gitarre, Zither und Banjo. Man hört bluesige und folkige Einflüsse, aber auch volksmusikalische Elemente. Seit ungefähr 20 Jahren begleiten ihn Peter Zürn an Hackbrett, Gitarre und Akkordeon und Heiner Merk an Bass und Klavier. Die Texte der Lieder sind feine Beobachtungen aus dem Alltag und enthalten intelligente Gedanken über Heimat und den Wandel der Zeit. Auf seinen Konzerten erzählt Werner Specht auch kleine Anekdoten über Allgäuer Menschen. Damit hat er sich ein treues und begeistertes Publikum und zahlreiche Preise erspielt, der tief im Allgäu verwurzelte Künstler Werner Specht.

UNTERALLGÄU

EIN BISSCHEN ÜBER DER GRENZE
Illertissen – Nautilla

42

Das Nautilla in Illertissen gehört zu den extrem familienfreundlichen Bädern. Geht man einmal mit seinen Kindern dorthin, werden sie nachfordern und wieder herwollen. Es ist sehr übersichtlich hier. Was nicht unwichtig ist für die eigene Entspannung – man verliert den Nachwuchs nicht so schnell aus dem Auge. Für die Kleinsten hat es einen Rutschelefanten und ein Schiff zum Draufklettern. Damit sind sie stundenlang bedient.

Der Eintritt, um das auch noch zu erwähnen, ist sehr preiswert. Verwundert nicht unbedingt, denn wir sind hier an einem Ort, an dem wir nicht sein sollten: außerhalb des Allgäus. Die nördliche Grenze verläuft zwischen den Städten Memmingen und Mindelheim. Da sind wir weit drüber. Es gibt noch ein paar Gemeinden, die nördlicher liegen, auf deren Ortsschild aber immer noch Landkreis Unterallgäu steht – darunter fallen Babenhausen und Kirchheim mit ihren Fuggerschlössern, aber Illertissen nicht.

Es ist ja nicht so, dass man aus dem Allgäu rausfährt und es plopp macht, die Kulisse umfällt und man nur noch in Beton- und Industriewüsten unterwegs ist. Selbst hier gibt es noch nette Ecken mit ansprechender Landschaft, die sich halt touristisch nicht so aufspielen, dafür ist dann der Eintritt ins Erlebnisbad etwas billiger. Man wäre allerdings schon gern noch ein bisschen Allgäu. Ein großer Molkereikonzern warb vor Jahren mit seiner Herkunft aus dem Allgäu, obwohl sein Standort nordöstlich von Illertissen in den sogenannten Stauden liegt.

Dort befindet sich der Naturpark Augsburg Westliche Wälder, eine besuchenswerte Wander- und Radfahrregion, fraglos, mit einem eigenen Walderlebniszentrum und Zisterzienserinnen-Kloster in Oberschönenfeld. Nur eben mit einer kleineren Marke. Ebenfalls noch gut erreichbar vom Allgäu aus ist das Legoland in Günzburg. Die Legomodelle von großen Bauwerken belohnen einen reichlich für diesen Abstecher. Also, trauen wir uns halt mal raus für einen Tag oder zwei.

🗒 Im Nautilla gibt es immer wieder spaßige Sonderveranstaltungen. Im Sommer wird gelegentlich der Grill ausgepackt und man hat zum Baden ein Barbecue.

EINMAL LONDON UND ZURÜCK

Buxheim – Kartause

43

Das waren spannende Tage im Sommer 1980. Karl-Ludwig Dasser, der damalige Leiter der Werkstätten des Bayerischen Landesamtes für Denkmalpflege, hatte im Jahr zuvor mitbekommen, dass der Konvent der Schwestern des St. Saviour's Hospital in London umziehen musste. In ihrer Kapelle befand sich ein Chorgestühl, das aus Buxheim stammte und nun eigentlich versteigert werden sollte. Um es wieder nach Hause zu holen, musste man jetzt schnell sein.

Seit 1402 waren die Kartäuser in Buxheim. Der Orden geht zurück auf den Heiligen Bruno von Köln. Das Mönchsdasein eines Kartäusers ist geprägt von Einsamkeit, Gebet und Schweigen. Jeder bewohnt eine eigene kleine Zelle mit Garten, in der er betet und arbeitet. Nur zu wenigen Anlässen kommen die Mönche zusammen und hören gemeinsam Worte aus der Bibel. In der Kartause ist der Tagesablauf und die Geschichte des Ordens sauber dokumentiert.

Der Tiroler Bildhauer Ignaz Waibl schuf von 1687 bis 1691 das prächtige Chorgestühl. Nicht weniger als 200 Eichen wurden dafür gefällt. Doch auch die Kartause Buxheim fiel der Säkularisation zum Opfer; sie wurde 1803 aufgelöst. 1812 mussten die Mönche endgültig gehen, sie wurden in den weltlichen Klerus eingegliedert oder pensioniert, die Kartause wurde Schloss der Grafen Waldbott von Bassenheim. Der Graf Hugo von Waldbott-Bassenheim konnte gar nicht mit Geld umgehen. 1883 wurde sein Besitz gepfändet und versteigert. Auf Umwegen landete das Chorgestühl 1886 in London. Dort blieb es fast 100 Jahre. Man konnte es 1980 normalerweise nicht von heute auf morgen kaufen. Karl-Ludwig Dasser rief Georg Simnacher an, den Präsidenten des Bezirkstages Schwaben. Man müsse schnell handeln. Simnacher sagte zu. Kaufen. Erst später wurde ihm bewusst, dass er ohne Beschluss des Bezirkstags gehandelt hatte und womöglich selbst hätte haften müssen. Es kam anders, der Bezirk stimmte der Ausgabe von 1,8 Millionen Mark zu und Buxheim konnte die Rückkehr seines wertvollsten Kunstschatzes feiern.

☞ Die von den Gebrüdern Dominikus und Johann Baptist Zimmermann gestaltete Annakapelle in der Kartause gilt als »ein Kabinettstück bayerischen Rokokos«.

STADT MEMMINGEN /// MARKTPLATZ 1 /// 87700 MEMMINGEN ///
0 83 31 / 85 00 /// WWW.MEMMINGEN.DE ///

»Mei Vaterstadt isch weit bekannt / bei uns scheint ja der Mau / Zwar leit se it am Ebrostrand, / des went mer au it hau. / Und doch guckt unser Mau oin a, / wie er verliebter gar it ka.« Das schrieb Hugo Maser 1924 in einem Gedicht über Memmingen. »Mau« ist der Mond. Der Erdtrabant ist ein Memminger. Sogar die NASA fragte nach der ersten Mondlandung auf eine Memminger Beschwerde hin um eine Betretungserlaubnis.

Einst gingen ein paar Memminger Bürger schwer angetrunken heim, da entdeckten sie in einem Zuber neben einem Haus das Spiegelbild des Mondes. Sie wollten das Lämpchen mitnehmen zur Erleuchtung ihres Zimmers und riefen den Stadtfischer. Der rückte an mit Netzen. Trotz großen Aufwands gelang das Vorhaben nicht, was ein Blick an den Nachthimmel beweist. Das ist die berühmteste Geschichte über den Mau.

Generell ist in Memmingen die Vergangenheit sehr lebendig. Am lebendigsten wohl am Fischertag, der am ersten Samstag der Sommerferien begangen wird. Im Mittelalter wurde der Stadtbach einmal im Jahr abgelassen, dazu mussten die Fische, die darin schwammen, herausgenommen werden. Heute springen oder, wie man hier sagt, jucken die Männer am frühen Morgen in der Nähe des Schrannenplatzes ins Wasser und versuchen eine der 3.000 bis 4.000 Forellen zu fangen, die im vorigen September extra eingesetzt wurden. Wer den größten Fisch an Land zieht, ist der Fischerkönig. Frauen sind bei diesem Wettkampf noch immer nicht zugelassen.

Memmingen wurde 1128 erstmals urkundlich erwähnt, der Name der Stadt ist wahrscheinlich älter. Vor 1.500 Jahren kamen Alemannen in die Gegend, »Mammo« war der Name eines Fürsten, der sich niederließ. Obwohl die alten Zeiten so präsent sind, zeigt Memmingen auch ein modernes Gesicht: Die Stadt verfügt über den Allgäu Airport, von dem Flugzeuge internationale Ziele ansteuern. Unumstritten ist er nicht, man hätte die Touristen lieber im Allgäu, als sie von hier wegzutransportieren.

✑ Den Memminger Flair genießt man am schönsten in einem Café auf dem Marktplatz, wo Rathaus, Steuerhaus und die Großzunft ein herrliches Ensemble bilden.

MEWO-KUNSTHALLE /// BAHNHOFSTRASSE 1 /// 87700 MEMMINGEN ///
0 83 31 / 85 07 71 /// WWW.MEWO-KUNSTHALLE.DE ///

Beim Bahnhof steht in Memmingen ein altes Postgebäude. Von außen sieht es immer noch so aus, als ob darin eine Post sein könnte. Tatsächlich handelt es sich seit 2005 um die MEWO-Kunsthalle, einen Ort, an dem im Allgäu vielleicht am ungewöhnlichsten und spannendsten Kunst zu erleben ist. Gar keine geringe Rolle spielen dabei sicherlich die räumlichen Möglichkeiten, die das Haus bietet.

Direkt nach dem Eingangsraum mit der Kasse betritt man den weiten, hellen Lichthof, in dem einen eine große Installation erwartet, die tief in das Thema der aktuellen Ausstellung einführt. Während der Buchstabenausstellung stand ein Baum hier, an der Wand das gesamte Alphabet in großen Tafeln, jeder Buchstabe auf eigene Art gestaltet. Während der ORAT-Ausstellung erwartete einen ein Labyrinth, das die komplette Wand bis oben füllte.

1.000 Quadratmeter stehen auf drei Etagen zur Verfügung. Für jede neue Schau werden die Räume anders konzipiert. Bei … *auch ich in Arkadien* mit Aufnahmen des Aktfotografie-Pioniers Wilhelm von Gloeden wurde tonnenweise Sand angekarrt und verteilt.

Die MEWO-Kunsthalle ist nicht übermäßig ausgestattet mit finanziellen Mitteln. Nur 50.000 Euro jährlich stehen als Etat zur Verfügung. Dass dennoch so spektakuläre und überzeugende Ausstellungen gelingen, ist den Beziehungen, dem Einfallsreichtum und nicht zuletzt dem außergewöhnlichen Einsatz von Prof. Dr. Joseph Kiermeier-Debre zu verdanken. Er leitete die Kunsthalle von 2005 bis Herbst 2011. Seit 2012 ist Dr. Axel Lapp vorn dran. In den ersten fünf Jahren kamen 35.000 Besucher, viele von ihnen von auswärts. Im Depot lagern die Bilder von Josef Madlener, einem berühmten Memminger Maler, dessen Bild *Der Berggeist* angeblich Tolkien zu seiner Figur Gandalf in *Der Herr der Ringe* inspiriert hat. Madleners Bilder sind immer wieder auf originelle Weise in den wechselnden Ausstellungen untergebracht.

✍ Die MEWO-Kunsthalle veranstaltet auch eine hochkarätig besetzte Konzertreihe, bei der große Werke in einem sehr intimen Rahmen dargebracht werden.

LANDESTHEATER SCHWABEN /// THEATERPLATZ 2 ///
87700 MEMMINGEN /// 0 83 31 / 94 59 16 ///
WWW.LANDESTHEATER-SCHWABEN.DE ///

ENGAGIERTES THEATER IN DER PROVINZ

Das Landestheater Schwaben in Memmingen

Vor ein paar Jahren hat die Redaktion der Berliner Theaterzeitschrift *Theater der Zeit* bei mir angerufen und mich gebeten, im Landestheater Schwaben ein Stück von und mit arbeitslosen Jugendlichen anzuschauen und etwas darüber zu schreiben. Die Berliner fanden es skurril, dass sich jemand im Süden des Landes, wo doch die Welt heil zu sein hat, mit dermaßen ernsten Dingen auseinandersetzt. Noch dazu als vermeintlich provinzielles Landestheater.

Was ich sah an jenem Abend, war größtes Engagement. Die jungen Leute, die alle keine Ausbildungsstelle nach dem Schulabschluss bekommen hatten, warfen sich mit Verve in die Probenarbeit, zeigten auf der Bühne beeindruckend, was sie können – und bekamen danach Lehrstellen angeboten. Das ist das Schönste, was man vom Theater erwarten kann: dass es über die Bühne hinausstrahlt ins echte Leben hinein und dort etwas verändert. Seitdem komme ich immer wieder gerne ins Landestheater Schwaben. Denn so klein das Haus ist, so bemerkenswert sind die Produktionen. Es gibt Heavy-Metal-Opern, Recherche-Projekte, klassische und neuere Dramatik und Uraufführungen, immer etwas besser, als man es eh schon erwartet hat.

Theatral umtriebig ist man auch anderswo in Memmingen. Als in Bayern das strengste Nichtraucherschutzgesetz der Republik eingeführt wurde, fand Robert Manz, der Wirt der Memminger Kneipe *Treff* eine originelle Lösung. Rauchen auf Theaterbühnen blieb im Freistaat erlaubt, weil viele Theaterstücke älter sind als das Rauchverbot und in ihnen das Rauchen als Teil der Handlung vorgesehen ist. Deshalb wurde das *Treff* kurzerhand zur Bühne erklärt und die Gäste zu Schauspielern. Das Stück, das gespielt wurde, war jeden Abend dasselbe. Es hieß: *Das Leben in einer Raucherkneipe! Wie es früher einmal war.* Also konnte man im *Treff* weiterrauchen.

✍ Inzwischen ist diese Gesetzeslücke geschlossen. Auch die Gäste des *Treff* müssen vor die Tür für eine Zigarette und die Luft im Innern bleibt rein.

BENEDIKTINERABTEI OTTOBEUREN /// SEBASTIAN-KNEIPP-STRASSE 1 ///
87724 OTTOBEUREN /// 0 83 32 / 79 80 /// WWW.ABTEI-OTTOBEUREN.DE ///

Sebastian Kneipp erhielt hier seine erste Anwendung – bei seiner Taufe wurde dem am 17. Mai 1821 in Stephansried bei Ottobeuren Geborenen in der Basilika Wasser über den Kopf gegossen, was eine nachhaltige Wirkung zeigte: Der Kleine studierte in Dillingen, wurde Pfarrer und großer Wasserheiler in Bad Wörishofen. Das Taufbecken ist übrigens das einzige Stück echter Marmor in der gesamten Kirche.

Mächtig und doch harmonisch in die Hügellandschaft eingefügt thront das barocke Juwel über dem Günztal. Schon aus der Ferne ist erkennbar, dass den, der das hier errichten ließ, keine falsche Bescheidenheit plagte. Ihre heutige Gestalt erhielt die Anlage im 18. Jahrhundert. Die Basilika, die wegen ihrer Größe den Beinamen »Der schwäbische El Escorial« trägt, wurde zwischen 1737 und 1766 unter den Äbten Rupert Neß und Anselm Erb errichtet. Der Original-Escorial aus dem 16. Jahrhundert steht übrigens in der Nähe von Madrid und ist der größte Renaissancebau der Welt.

Zu der Zeit des Kirchenbaus waren die Benediktiner schon 1.000 Jahre in Ottobeuren. Die Abtei wurde als Familienkloster der Grafen Silach 764 gegründet und von Mönchen aus dem Bodenseeraum besiedelt. Im Jahre 1802 wurde sie wie viele andere Klöster im Zuge der Säkularisation aufgelöst. Einige Mönche durften aber bleiben und ihrer Beharrlichkeit ist es zu verdanken, dass auch heute noch Benediktiner hier angesiedelt sind. Getreu der Ordensregel ihres Gründers Benedikt von Nursia *Ora et labora*, also *Bete und arbeite*, leben im Moment 22 Mönche hier. Sie arbeiten als Lehrer und Seelsorger in der Umgebung, halten Bienen, stellen Schnaps her oder laden dazu ein, bei einer »Einkehr im Kloster« zu sich zu finden.

Das Kircheninnere ist übrigens mit Stuckmarmor, also künstlichem Marmor ausgekleidet, der ist sogar noch teurer als echter und erlaubt eine fantastische Farbgestaltung, die einen vom Eingang aus förmlich nach vorne zum Altar hinzieht.

✍   Im Kloster sind als Höhepunkte die 15.000 Bände starke Bibliothek, der Theatersaal und der größte Repräsentationssaal, der Kaisersaal, einen Blick wert.

EINE KULTUROASE IM GÜNZTAL
Sontheim – Dampfsäg

48

»Ich bin hier Koch, Ausschenker, Maurer und Heizungsinstallateur«, sagt Klaus Bilgram. Zusammen mit seiner Frau Ortrun hat er vor 20 Jahren eine einzigartige Kulturstätte geschaffen: die Dampfsäg. Tatsächlich war hier mal ein Sägewerk, das 1988 geschlossen wurde. 1990 schlugen die Bilgrams zu, sie kauften Anwesen samt Gebäude und machten sich an die Arbeit, und schon 1991 öffneten sich die Tore wieder.

»Im ersten Jahr hatten wir drei Konzerte, noch keine Küche und keine Toiletten«, erzählt Klaus Bilgram. Werner Specht, der als einer der Ersten hier auftrat, weiß auch noch, dass es keine Heizung gab. Das hat sich gewaltig geändert. Nicht nur, dass die Infrastruktur heute tadellos funktioniert, in der Dampfsäg ist immer was los. Konzerte, Kabarett und regelmäßige Filmabende, die vom Filmhaus Huber in Türkheim organisiert werden, ziehen die Leute aus dem ganzen Allgäu und bei größeren Namen sogar aus dem gesamten Bundesgebiet an. Aber auch Hochzeiten werden hier gefeiert und es wird ein regelmäßiger Wochenmarkt abgehalten. »Da pulsiert das Dampfsägleben«, laut Klaus Bilgram.

Das Tonnengewölbe des Dampfsäggebäudes ist allein die Reise nach Sontheim wert. Die Konstruktion aus dem Jahr 1917 geht auf den französischen Architekten Philibert de l'Orme (um 1510–1570) zurück. Die Sägehalle ist der einzige heute noch bestehende Bau dieser Art im deutschsprachigen Raum. Die Sägerei selbst wurde 1890 gegründet, sie war eine der wichtigsten holzverarbeitenden Betriebe des Günztals. In der 1891 erbauten Kistenmacherei wurden überwiegend Holzkisten für den Transport von Käse und Fisch gefertigt.

Dem beispiellosen Engagement von Ortrun und Klaus Bilgram und der Hilfsbereitschaft vieler Freunde ist es zu verdanken, dass heutzutage hier das Kulturleben blüht. Inzwischen leitet ihr Sohn Yuri mit seiner Freundin die Dampfsäg. Es geht also weiter. Ein Segen für die Region.

⌀   Wer in die Dampfsäg kommt, sollte hungrig sein. Die Küche bietet köstliche Spezialitäten an, das Gemüse stammt aus regionalem, nachhaltigem Anbau.

EINE BURG UND VIELE CAFÉS
Mindelheim

49

Man bezeichnet Mindelheim auch als die Stadt der Museen, denn hinter der Jesuitenkirche befindet sich ein richtiges Museumszentrum, außerdem ist auch das Turmuhrenmuseum interessant und bekannt. Doch meiner Meinung nach könnte man Mindelheim darüber hinaus als Stadt der Cafés bezeichnen. Auf und um die zentrale Maximilianstraße laden derer viele dazu ein, sich niederzulassen und entspannt abzuhängen.

Wenn ihr Lust bekommt, auf die Mindelburg zu steigen, dann vergesst nicht, eure Kinder mitzunehmen. Die Außenanlagen entsprechen absolut dem Bild, das man von einer typischen Ritterburg im Kopf hat. Dabei ist ihr berühmtester Bewohner sogar einer der Hauptverantwortlichen für den Niedergang des Rittertums kurz nach Ende des Mittelalters. Georg von Frundsberg wurde auf der Mindelburg in der zweiten Hälfte des 15. Jahrhunderts geboren und lebte dort, wenn er nicht im Krieg war. Er stand im Dienst von Maximilian I. und baute für ihn eine Truppe von leicht bewaffneten, schlagkräftigen Fußsoldaten auf, die bei Auseinandersetzungen den gepanzerten Rittern zu Pferd mannshoch überlegen waren. Die Geschichtsschreibung nennt Georg deshalb den »Vater der Landsknechte«, ironischerweise wurde er selbst 1504 zum Ritter geschlagen. Seine Art, Krieg zu führen, trug ihm den Ruf ein, einer der wichtigsten deutschen Infanterietaktiker und Kriegsunternehmer der Frühen Neuzeit zu sein, worum ihn nur gut 500 Jahre später nicht mehr allzu viele beneiden dürften. Landsknechte richteten in den folgenden Jahrhunderten katastrophale Verwüstungen an, wenn sie keinen Sold bekamen oder keiner einen Krieg führen wollte, zu dem er sie gebrauchen konnte. Die Burg ist seit den 1950ern an einen Verlag vermietet, deshalb kommt man ins Innere nur, wenn man im Burgrestaurant isst.

Unten in der Stadt sollte man ins Turmuhrenmuseum in der ehemaligen Silvesterkapelle gehen, das Wolfgang Vogt seit 1979 aufgebaut hat. 50 Turmuhren kann man dort betrachten.

⌂ Etwas abseits, in der Dreerstraße, haben wir das heimelige Café K entdeckt, das in einem der netten Häuschen der Altstadt untergebracht ist.

GÄSTE-INFORMATION IM KURHAUS /// HAUPTSTRASSE 16 ///
86825 BAD WÖRISHOFEN /// 0 82 47 / 99 33 55 ///
WWW.BAD-WOERISHOFEN.DE ///

RUHE UND UNRUHE IN DER KURSTADT
Bad Wörishofen – Yalla-Yalla-Kultur-hilft

50

In Bad Wörishofen geht es friedlich zu. Das Tempo auf den Straßen bestimmen gewiss nicht die Raser, es gilt, sich einzuordnen in den ruhigen Fluss der Wagen der Kurgäste, Straßen und Geschäfte in ihrem Treiben auf sich wirken zu lassen. Einmal habe ich es erlebt, dass die Ruhe gestört wurde. Wir waren selbst mit schuld daran. Beim Stadtfest 2015 sollten wir, der Liedermacher Andreas Kalb und ich, in der Fußgängerzone auftreten. Es war irre heiß. Und dennoch war der Nachmittag bemerkenswert: Denn die Veranstalter, die uns eingeladen hatten, gehörten zum *Yalla-Yalla-Kultur-hilft e. V.,* Tatsächlich zeigt sich Bad Wörishofen dank des Vereins äußerst weltoffen: Während unseres Auftritts wurde an Kobel Haile, einem jungen Asylbewerber aus Eritrea eine Krar, ein afrikanisches Musikinstrument, übergeben. Diese konnte mithilfe von *Yalla-Yalla-Kultur-hilft* und einer befreundeten Stewardess importiert werden. Es gab gleich eine Hörprobe, die ein buntest gemischtes Publikum zu schätzen wusste.

Auch Sebastian Kneipp, dessen Methoden heute vor allem hier praktiziert werden und der mittlerweile allgemein unumstritten ist, war am Anfang ein bunter Hund. 1849, als er Theologie in Dillingen studierte, erkrankte der 28-Jährige an Tuberkulose und heilte sich selbst mit mehreren Badegängen in der eiskalten Donau. Und allein mit der Kraft des Wassers therapierte er in der Folgezeit weitere Menschen, was ihm gleich vier Jahre später eine Verurteilung wegen »Kurpfuscherei« einbrachte. Doch er blieb trotz weiterer Anklagen bei seinen Überzeugungen, er kam nach Bad Wörishofen und immer mehr Kranke ließen sich von ihm gesund machen. Schließlich interessierte sich auch der Papst für den schwäbischen Mann. Kneipp fuhr 1894 nach Rom und konnte Leo XIII. überzeugen. Das war die letzte Hürde zur vollständigen Anerkennung.

✍ Wer im Kurpark spazieren geht, findet dort ein gewaltiges Rosarium mit über 8.000 Stöcken, an denen Rosen von 500 verschiedenen Sorten blühen.

ALLGÄU SKYLINE PARK /// IM HARTFELD 1 ///
86825 BAD WÖRISHOFEN /// 0 82 45 / 9 66 90 ///
WWW.SKYLINEPARK.DE ///

AMÜSEMENT IM PARK
Bad Wörishofen – Skyline Park

51

Irgendwann trifft es jeden Lehrer, der in vertretbarer Entfernung von Bad Wörishofen unterrichtet: Die Klasse überredet ihn, weil man doch zu Fuß immer wieder mal unterwegs sein könne und oft auch schon gewesen sei, und er fährt wandertags mit zig anderen Klassen aus dem gesamten allgäu-schwäbischen Raum zum Skyline Park. Laut Werbung handelt es sich hier um den »besten Freizeitpark Bayerns«.

Zugegeben, die Zugfahrt grenzt an eine Zumutung: In Sitzgruppen, für die die Bahn vier Personen vorgesehen hat, zwängen sich nun sieben Pubertierende, deren Handys sieben verschiedene Lieblingslieder in die Umwelt lärmen. Der Weg vom Haltepunkt Rammingen zum Eingang des Parks führt entlang an Mais- und Getreidefeldern und Reihen geparkter Busse durch die vielleicht unmalerischste Landschaft des Allgäus. Doch betritt man den Skyline Park schließlich, weiß man, dass der Weg sich gelohnt hat. Und das liegt nicht in erster Linie an den obligatorischen Sensations-Attraktionen, die einem in Sekundenbruchteilen den Adrenalinspiegel bis zur Hippocampus-Unterkante treiben. Ich meine die *Sky Shot* genannte Kugel, mit der man Dutzende von Metern in die Luft geschleudert wird. Oder das *Sky Wheel*, die höchste Überkopf-Achterbahn der Welt. Oder den *Sky Fall*, in dem man frei fällt.

All das sind neue Gefährte auf dem von der Schausteller-Familie Löwenthal seit 1999 betriebenen Vergnügungsgelände, und sie müssen in einem Freizeitpark sein. Doch den besonderen Charme macht das nostalgische Gefühl aus, das einen beschleicht, wenn man im Kettenkarussell durch die Luft schwebt, eine Runde mit dem Riesenrad dreht, sich Popcorn und gebrannte Mandeln kauft. Dann ist auf einmal wieder diese alte Volksfestmagie da, die einen als kleines Kind schon verzaubert hat. Da muss nicht alles blinken, da muss nicht alles das Höchste, Größte und Beste der Welt sein. Klein hat man zwischen diesen Dingen das Staunen gelernt. Das ist nun wieder da.

☞ Einmal im Jahr gibt es die lange Nacht im Park, in der man bis 24 Uhr alles fahren kann und Tausende von Glühbirnen und Lichterketten die Nacht erhellen.

THERME BAD WÖRISHOFEN /// THERMENALLEE 1 ///
86825 BAD WÖRISHOFEN /// 0 82 47 / 39 93 00 ///
WWW.THERME-BADWOERISHOFEN.DE ///

SÜDSEEURLAUB MIT GESUNDHEITSBONUS
Bad Wörishofen – Therme

52

Diese Therme ist in gewisser Weise die Obertherme, die wichtigste Therme im Allgäu und vielleicht auch im ganzen Voralpenland. Wer hier war, kommt wahrschcinlich wieder, und zwar regelmäßig, an seinem Tag zu seiner Uhrzeit. Man wird hier leicht zum Stammgast. Ich stelle mir das ähnlich im alten Rom vor, wo der Besuch einer Badeanstalt auch nicht nur oder in erster Linie dem Putzen des Leibs diente.

An dieser Stelle muss man das auf dem Land wild grassierende Sterben der Wirtshauskultur beklagen. Die Menschen gehen abends nicht mehr aus, sie setzen sich vor den Fernseher oder, schlimmer noch, »sie hocken sich ins Feuerwehrhaus oder ins Vereinsheim, saufen ihr Bier und lassen jeden Wirt verrecken«, wie mir einmal von kompetenter Seite – einer ehemaligen Wirtin – berichtet wurde. Mit den Wirtschaften stirbt aber auch ein Teil des öffentlichen Raums. Denn bist du nicht in der Feuerwehr oder in dem Verein, dann darfst du dich meist auch nicht einfach dazusetzen.

Diese freie Stelle besetzen nun die Badeanstalten, in besonderem Maße die Therme in Bad Wörishofen. Die Gäste kommen und treffen Bekannte und Freunde aus dem echten Leben. »Ach, Sie sind auch hier?« – »Ja, wir sind regelmäßig hier, meist am …« sind hier oft vernommene Gesprächsfetzen, danach wird der Theater- oder Kinobesuch vom vergangenen Wochenende verhandelt oder der Wahlausgang, die Lage der Nation oder des Wetters. Man politisiert im besten Sinne. Nicht wie am Stammtisch, sondern auf gehobenem Niveau. Manchmal werden auch neue Bekanntschaften geschlossen oder Geschäfte angebahnt. Denn wenn man sich mal in der Sauna begegnet ist, hat man auch sonst nichts mehr voreinander zu verbergen. So muss das gewesen sein im alten Rom. Nur dass hier das Flair mehr Südsee ist. Doch es gibt neben anderen Themensaunen auch eine im Stil des Kolosseums erbaute Römer-Sauna. Das Mindestalter von 16 Jahren sorgt für Erholung ohne Kindergeplärr.

🖉 Am Samstag ist von 9 bis 18 Uhr Familientag. Es gilt ein günstiger Familientarif und man darf mit Kindern auch das Saunaparadies besuchen.

DIE PLATTFORM DER LOKALEN SZENE

Mit der generellen Digitalisierung des Lebens ist es leicht geworden, Filme zu drehen. Gute Kameras gibt es im Elektronikmarkt. Die Schneide-Software ist erschwinglich. Alles, was man heutzutage als Filmemacher noch dringend braucht, ist eine gute Geschichte und ein Ort, an dem man sich dem Publikum präsentieren kann. Das Filmhaus Huber ist eine der wichtigsten Plattformen für die lokale Filmszene.

Einige Filme, die hier das erste Mal auf einer größeren Leinwand liefen, genießen inzwischen regelrechten Kultstatus. Seine lokale Premiere feierte zum Beispiel im Jahr 1986 *Xaver und sein außerirdischer Freund* in Türkheim. Darin geht es um einen etwas schlichteren Menschen namens Xaver, vor dessen Nase ein Raumschiff landet. Dem entsteigt ein kleines Wesen, das Xaver fortan ständig begleitet. Der schier unstillbare Bierdurst des Extraterrestrischen bringt die beiden in die misslichsten und für den Betrachter selbstverständlich lustigsten Situationen. Es gibt Menschen, die sämtliche Dialoge auswendig mitsprechen können und die besten Sprüche selbst 25 Jahre später noch bei jeder sich bietenden Gelegenheit anbringen. Die Drehorte liegen alle in den »Stauden«, einer Region nördlich von Türkheim. Weil der Bayerische Rundfunk mitfinanzierte, sprechen die Menschen eine Art oberbayerischen Dialekt. Das ist etwas verwirrend für denjenigen, der weiß, wie man hier eigentlich redet.

Kleine und große Produktionen aus der Gegend sind hier immer wieder zu sehen. Leo Hiemer zeigt seine Filme hier. Aber auch unser kleiner Spielfilm *Der letzte Streich*, in dem beinahe die ganze Bevölkerung des Marktes Dinkelscherben mitspielt, bekam seine Chance in Türkheim und fand dort ein offenes und neugieriges Publikum. Die Filmer von *Matador-Film*, die sich auf Horrorfilme spezialisiert haben, sind ebenfalls willkommen. Der nächste Streifen aus dem Allgäu, der groß rauskommen wird, läuft sicher auch erst hier.

✎ Zum Filmhaus Huber gehört auch das Filmhaus Bad Wörishofen, außerdem gibt es die Filmnächte in der Dampfsäg in Sontheim, bei der besondere Filme laufen.

SCHLOSS KIRCHHEIM /// MARKTPLATZ 1 /// 87757 KIRCHHEIM ///
01 74 / 9 40 60 90 /// WWW.ZEDERNSAAL.DE ///

Wir gehen über den Marktplatz, am Gasthaus Adler vorbei, durch den herrlichen Park, ins Fuggerschloss hinein. Wir werden begrüßt vom wilden Gebell zweier Hunde, erschrocken weichen wir zurück. Die Hunde sind hinter einem Gittertor und hören nicht auf, uns vertreiben zu wollen. Da kommt der Portier, ein freundlicher Herr, und fragt uns, ob wir in den Zedernsaal wollen. Ob wir nicht zu spät seien, fragen wir.

Nein, sind wir nicht. Wir dürfen rein in den Zedernsaal und werden persönlich geführt. Es verschlägt uns erst mal den Atem.

So wie auch die Basilika Ottobeuren wird das Fuggerschloss in Kirchheim als »Schwäbischer El Escorial« bezeichnet. Wer nun den Titel wirklich verdient, mögen andere entscheiden. Immerhin stammt das Kirchheimer Schloss so wie das Original bei Madrid aus der Renaissance-Zeit. Es wurde von Hans Fugger in den Jahren 1578 bis 1585 erbaut. Hans war der Sohn und Erbe von Anton Fugger, dem Reichsten der berühmten Familie. Anton wiederum war der Neffe und Nachfolger des Berühmtesten der reichen Familie: Jakob Fugger, auf den die Fuggerei in Augsburg zurückgeht, die erste Sozialsiedlung der Welt. Der Zedernsaal besitzt eine beeindruckende, 360 Quadratmeter große, 1,80 Meter tiefe Kassettendecke. Das Zedernholz bildet den dunklen Untergrund, darüber hinaus wurden zehn weitere Holzarten verwendet, die in ihren Originalfarben heute noch zu bestaunen sind. Wendel Dietrich hat sie geschaffen, 20 italienische Schnitzer haben Tausende von Figuren und Gesichtern herausgearbeitet. Fratzen sollen böse Geister abhalten, Venusmuscheln symbolisieren die Reinheit.

Das Schloss wird heute von der Fugger-Linie von Glött bewohnt, der Saal wird wegen seiner hervorragenden Akustik oft für Konzerte genutzt. Wir erfahren noch, dass er nie beheizt werden darf, das würde dem Holz schaden. Wir danken herzlich und verschwinden nach einem letzten Blick zurück in die Realität.

Der Zedernsaal ist nicht das einzige bedeutende Kunstwerk in Kirchheim: In der Kirche, am rechten Seitenaltar, gibt es ein Bild von Rubens.

KABARETT AUS DEM ALLGÄU
Maxi Schafroth

Ein schlaksiger Mann, der bucklig geht, die Hände in den Hosentaschen und die Mundwinkel heruntergezogen hat, stellt sich vor mit »Grüß Gott, meine Name Rudolph Ripfl aus Unterthingau, nicht Ruderatshofen«. Das ist genau das Bild, das man von einem alten, mürrischen Allgäuer Bauern im Kopf hat. Hinter dieser Gestalt steckt aber Maxi Schafroth, der ist Anfang 30 und zurzeit wohnhaft in München, tätig als Bankkaufmann, Filmemacher, Schauspieler und Kabarettist.

Er kommt natürlich aus dem Allgäu, aus Stephansried bei Ottobeuren (Seite 117), dem Ort, in dem Sebastian Kneipp geboren wurde. Maxi Schafroth ist dort in solider Umgebung auf einem Bauernhof aufgewachsen. »Irgendwann kommt dann der Vater und sagt, du machsch ebbes Gescheits«, erzählt er. Das bedeute, entweder den Hof zu übernehmen oder einen sicheren Beruf zu ergreifen. »Ich habe mich für eine Banklehre entschieden, aber mittlerweile mache ich eher meine Kabarettauftritte zur Sicherheit.« Die Laufbahn als Kabarettist hat 2007 begonnen. Damals saß er mit seinem Freund Markus Schalk, der auf dem Nachbarhof groß geworden ist, im Münchner *Vereinsheim*. Die Schwabinger Kneipe ist eine der renommierten Adressen für den Kabarettnachwuchs in der Landeshauptstadt. Beim *Blickpunkt Spot* jeden Montag treten sowohl völlig Unbekannte als auch echte Größen der Szene auf. Die zwei Allgäuer wollten nur mal schauen, wie das so abläuft, und wurden dann unversehens auf die Bühne gebeten – nachdem vorher am Abend schon Michael Mittermaier aufgetreten war. Es kam an. Markus Schalk spielt Gitarre, Maxi Schafroth spricht und singt dazu. Die nächsten – ausverkauften – Auftritte absolvierte das Duo im *Heppel & Ettlich*, das auch eine wichtige Kleinkunstadresse in München ist, und im Commerzbank-Hochhaus in Frankfurt. Ottfried Fischer wurde auf Maxi Schafroth aufmerksam und lud ihn zu *Ottis Schlachthof* ein. Seit diesem Fernsehauftritt kennen und lieben alle Maxi Schafroth, weil er so natürlich und sympathisch ist auf der Bühne. »Es gibt Menschen, denen kann man einfach nichts abschlagen. Der 24-jährige Allgäuer Bauernsohn Maximilian Schafroth gehört dazu«, schrieb Oliver Hochkeppel in der Süddeutschen Zeitung über das erste Programm »Faszination Allgäu«, das im Münchner Schlachthof 2009 Premiere feierte. Er karikiert treffend und doch liebevoll seine Allgäuer Landsleute, schaut ihnen aufs Maul, genauso wie es sein Vorbild Gerhard Polt auch tut. »Ich bin ein Landwirt und ich bin traurig über den Milchpreis«, sagt er und stimmt ein Protestlied an. Er mimt einen Bauern, der die Delfintherapie im Allgäu eingeführt hat, nur dass statt der Delfine Rinder in der Jauchegrube schwimmen. Er karikiert aber auch das Großstadtpärchen Silke und Björn. Er meint: »Man muss eine Sache kennen, um sich über sie lustig machen zu können.« Er kennt beides: das Großstadtleben als Angestellter einer Bank, das ihm sein anderes Leben als Kabarettist ermöglicht: »Für mich macht man Kunst dann am lockersten, wenn man nicht drauf angewiesen ist.« Und er kennt natürlich das Allgäu, »ein Land, da woiß koiner, wo's auf-hört und anfangt«, wie er im *Allgäu-Lied* singt. »Ich habe gemerkt, dass wir Allgäuer eine Region sind, die eher versucht, ihren Ausstoß an Wor-ten pro Tag auf null zu reduzieren«, meint er im Interview.

Doch nicht nur als Kabarettist macht Maxi Schafroth Karriere: Marcus H. Rosenmüller (*Wer früher stirbt, ist länger tot*) engagierte ihn als Schauspieler für seinen Film *Der Sommer der Gaukler*. In Leo Hie-mers Dokumentation über Carl Hirnbein begibt er sich auf die Spuren des Allgäuer Tourismus- und Käsepioniers. Auch im Münchner Tatort war er 2012 zu sehen, und 2015 wirkte er beim Singspiel am Nockher-berg als Conchita Wurst mit.

KLOSTER IRSEE ///
SCHWÄBISCHES TAGUNGS- UND BILDUNGSZENTRUM ///
KLOSTERRING 4 /// **87660 IRSEE** /// **0 83 41 / 9 06 00** ///
WWW.KLOSTER-IRSEE.DE ///

Am Rande des Künstlerdorfes Irsee, nahe Kaufbeuren, befindet sich in den barocken Räumen des ehemaligen Reichsstiftes ein modernes Tagungszentrum mit herrlicher Parkanlage, großzügigen Gästezimmern, Tagungsräumen sowie einer Gastronomie mit saisonal und regional abgestimmten Akzenten. Ansässig in Kloster Irsee sind zudem die Schwabenakademie mit ihrem Kulturprogramm und das Bildungswerk des Verbandes der bayerischen Bezirke.

Die Anlage stammt aus der ersten Hälfte des 18. Jahrhunderts, damals hatte das Kloster schon eine lange, wechselvolle Geschichte hinter sich. Bereits 1182 ließen sich Benediktiner auf dem Irseer Burgberg nieder. 1525 verwüsteten aufständische Bauern die Anlage, auch im Dreißigjährigen Krieg erfuhr das Kloster schmerzlich Plünderungen und Brandschatzungen. Zwischen 1699 und 1730 wurden nicht nur Kirche und Kloster neu errichtet, Irsee entwickelte sich im Laufe des 18. Jahrhunderts auch zu einer bedeutenden Stätte der Wissenschaft und Musikpflege. Diese Tradition fand 1803 durch die Auflösung des Klosters einen Bruch. Es empfiehlt sich auch ein Besuch der Kirche, in der eine Kanzel in Form eines Segelschiffes, 1724/25 von Ignaz Hillenbrand geschaffen, sofort ins Auge sticht.

Betritt man das Kloster durch das Eingangsportal im Westen, steht man im barocken Treppenhaus. Es liegt in dem Flügel, in dem einst die Privaträume des Abtes und die Gästezimmer waren. Das Deckengemälde, das wahrscheinlich vom Ottobeurer Maler Franz Anton Erler stammt, stellt den *Triumph des heiligen Benedikt* dar. Der Besuch dort ist nur im Rahmen einer angemeldeten Führung möglich.

Ein Schatten liegt über der Pracht: 1849 eröffnete im Kloster die schwäbische *Kreisirrenanstalt*. Zwischen 1939 und 1945 wurden im Rahmen des Programms zur »Vernichtung unwerten Lebens« von den Nationalsozialisten über 2.000 Patienten in Vernichtungslager deportiert und umgebracht. Im ehemaligen Anstaltsfriedhof steht ein Denkmal für die Euthanasieopfer.

Ⓢ Im Braumuseum Irsee wird einem die Bierherstellung anschaulich nahegebracht. Der Durst, der automatisch kommt, kann auch vor Ort gelöscht werden.

KLOSTERBERGGARTEN /// CRESCENTIAPLATZ /// 87600 KAUFBEUREN ///
0 83 41 / 90 70 /// WWW.CRESCENTIAKLOSTER.DE ///

BESINNUNG TANKEN
ENTLANG DES SONNENGESANGS

Kaufbeuren – Klosterberggarten St. Crescentia

56

Wer nach Kaufbeuren kommt, hat zwar durchaus das Gefühl, in eine Stadt zu kommen, die genug Urbanität aufweist, um diese Bezeichnung auch zu verdienen. Gleichzeitig wundert einen aber die relative Ruhe, die Kaufbeuren ausstrahlt; eine geradezu südeuropäische Gelassenheit umweht zum Beispiel den Platz beim historischen Rathaus. Und auf diese Beschaulichkeit haben die Franziskanerinnen noch eins draufgelegt.

Crescentia ist eine Heilige aus Kaufbeuren; sie wurde als sechstes von acht Kindern geboren und auf den Namen Anna getauft. Im Jahr 1703 trat Anna in das Kaufbeurer Franziskanerinnenkloster ein und erhielt den Ordensnamen Maria Crescentia. Wer zur Jahrhundertwende zwischen dem 17. und 18. ins Kloster kam und arm war sprich nichts mitbrachte, der hatte zunächst nichts zu lachen: Crescentia musste hart arbeiten innerhalb der Klostermauern, doch mit Frömmigkeit, Fleiß und Klugheit erwarb sie sich bald einen guten Ruf und wurde später sogar Seelsorgerin und Ratgeberin von Kurfürsten. Nach dem Tod entwickelte sich ihr Grab zu einer Wallfahrtsstätte.

Die Franziskanerinnen des Klosters, das die Heilige Crescentia als Namensgeberin verehrt, haben hinter ihrer Kirche an der Grenze zur alten Stadtmauer einen herrlichen, einen vortrefflichen Garten angelegt, einen Hort der Ruhe und der Nähe zum Höheren. Vom Eingang oben an der Stadtmauer bis hinab zum Ausgang am Crescentiaplatz wandelt man auf den Spuren des Sonnengesangs des heiligen Franziskus entlang an Beeten und Hecken, macht Station an einer Feuerstelle und einem Aussichtspunkt, der einen beeindruckenden Blick über die Stadt bietet. Man passiert eine Hütte zum Schutz vor Wind und Wetter, eine Franziskusstatue, bis einen unten ein Brunnen erwartet, der das Wasser im Gesang symbolisiert. Und wer Glück hat, darf hier dann Platz nehmen und einem Chorkonzert lauschen. Danach kehrt man innerlich gestärkt zum Treiben in der Fußgängerzone zurück.

☞   Sollte sich Kaffeedurst einstellen, wäre der hervorragend zu löschen im Café Jedermanns, nicht weit vom Garten, an der Ecke Ludwigstraße / Sedanstraße.

JORDAN BADEPARK /// BERLINER PLATZ 4 ///
87600 KAUFBEUREN /// 0 83 41 / 9 46 80 ///

EIN BADESPASS, DER SICH BESCHEIDEN GIBT
Kaufbeuren – Jordan Badepark

57

Um es gleich vorweg zu sagen: Man bekommt andernorts wesentlich weniger für sein Geld als hier. Wobei die Eintrittspreise im Kaufbeurer Hallenbad eh schon sehr moderat sind. Wenn das Wetter mitmacht, kann man sogar das angrenzende Freibad nutzen, und Kinder zahlen erst, wenn sie über sechs Jahre alt sind. Wer also über zu hohe Preise jammern will, sollte lieber gleich woanders hinfahren.

Wenn man den Jordan Badepark erreichen will, folgt man am besten den Parkplatz-Schildern »Hallenbad«, dann landet man zuverlässig und sicher vor dem Eingang. Alles wirkt sehr bescheiden von außen, hier wird nicht groß getan oder gar etwas versprochen, was nicht gehalten werden kann. Auch innen ist die Einrichtung schlicht, modern und sicherlich nicht protzig und die Aussicht ist auch nicht mit Palmenkübeln vollgestellt. Das Erste, was man erspäht beim Verlassen der Duschen, ist ein großzügiges Sportbecken, in das man, wenn er nicht gesperrt ist, auch von einem Drei- und Fünf-Meter-Turm springen kann.

Familien mit Kindern, die sich schon ein bisschen ins Wasser trauen, werden den größten Spaß hier haben. Im Nichtschwimmerbecken gibt es eine wilde Wasserschlauchkonstruktion, die zu erklimmen auch Größere reizt. Außerdem gibt es breite Schwimmmatten, die wahlweise als Piratenfloß oder als Übungssurfbrett herhalten können. Die Fantasie hat ihren freien Lauf. Die Rutschen sind von oben bis unten einsehbar und deswegen auch für Kleinere ein Spaß ohne mulmiges Gefühl im Magen. Bei Dunkelheit ist der Rutschraum farbig ausgeleuchtet – ein psychedelisches Vergnügen.

Zum Relaxen bieten sich genügend Liegeflächen, auch im beheizten Außenbereich blubbert und sprudelt es ausreichend, um verspannten Rücken Erleichterung zu verschaffen. Es gibt ein paar Bräunungskabinen, allerdings keine Sauna und kein Dampfbad, weswegen das Bad nicht überlaufen ist. Den Stress kann man hier prima im Wasser zurücklassen.

🏊 Danach geht man noch picknicken im Jordanpark nebenan. Das Parkcafé hat einen netten Biergarten, die Kinder spielen auf dem Spielplatz.

EINE BLUTIGE HÖHLE
Obergünzburg – Teufelsküche

58

Betrachtet man die Flut an Alpen-Krimis, die uns die letzten Jahre überrollt, müsste man meinen, man könnte im Allgäu keine 100 Schritte tun, ohne einem Mörder oder einem seiner potenziellen Opfer zu begegnen. Das Gegenteil ist der Fall: Hier im Allgäu geht es besonders friedlich zu, wenngleich man sich – dafür gibt die Krimiwelle ein beeindruckendes Zeugnis ab – mit Leidenschaft scheußliche Mordgeschichten erzählt.

Und eine besonders schlimme soll sich in der Nähe von Obergünzburg zugetragen haben, wobei hier der Hauptschuldige die Natur ist. Diese bietet hier fraglos ein faszinierendes Schauspiel: Ein Ensemble von Riesennagelfluhblöcken bildet hohe Steilwände, die in einem augenblicklich die Kletterlust wecken. Der Illergletscher hat hier vor etwa 400.000 Jahren Felsen angeschleppt und liegen gelassen, diese verbanden sich mit Kalk, das daraus entstehende Gestein nennt der Geologe Nagelfluh. Und eben darin wohnte der Sage nach einst ein Mann mit seiner Familie. Er hatte sich eine Höhle gebaut im Gestein und war dort sicher vor allen Gefahren, die ihm von draußen drohten. Nur den Teufel, der in ihm selbst steckte, konnte er auf diese Weise nicht bannen.

Eine Gedenktafel reimt Folgendes zu dem Vorfall: »Des Nachts, wenn es kalt und sternenhell / sie wärmten sich am Bärenfell […] Zum Trinken gab es Beerenwein / Und so schlich sich das Unheil ein …« Angeblich waren mal in dem Getränk »blaue Kirschen« mitverarbeitet, und die hätten dann »Weib und Kind dahingerafft«. Der Mann war's – im Tollkirschenrausch. Danach habe er geflucht und sich selbst den Rest gegeben. Und das Allgäu wurde um eine blutige Sage reicher.

Es gibt zwischen Obergünzburg und Ronsberg gegenüber der Mühle Liebenthann einen Parkplatz, von dem aus man das Ziel erreichen kann. Wenn man mit Kindern unterwegs ist, sind die 15 Minuten Gehzeit, die auf dem Hinweisschild angegeben sind, niemals einzuhalten, so viel gibt es unterwegs zu entdecken!

🗺 Gleich bei der Mühle startet auch ein lohnender Naturerlebnispfad, außerdem ist auch ein »Teufelsküchen-Runderwanderweg« ausgeschildert.

Ungefähr 200 Jahre ist es jetzt her, dass die beiden Brüder Grimm die Märchen, die ihnen zahlreiche Leute erzählten, aufgeschrieben und herausgegeben haben. Immer noch kennt sie jeder, immer noch wächst jeder mit ihnen auf, leidet mit den verlorenen Kindern im Wald, freut sich über den Schnitt im Bauch des Wolfs, aus dem alle wieder lebend steigen, oder ekelt sich vor dem schleimigen Froschkönig.

Im reizvoll im echten Wald gelegenen Schongauer Märchenwald werden all diese Figuren, nun, nicht lebendig freilich, aber doch plastisch und dreidimensional. Vom Hauptplatz beim Eingang führt ein Waldweg zu den Darstellungen der bekanntesten Märchen. Dabei ist jedem Märchen ein eigenes kleines Häuschen gewidmet. Auf Knopfdruck geht das Licht an und die Kinder können in den liebevoll eingerichteten Innenraum schauen. Die Puppen bewegen sich, dazu wird das Märchen in Reimform erzählt. Niemand fehlt, alle Grimm'schen Klassiker sind da: Schneewittchen, Rotkäppchen, Aschenputtel. Hänsel ist in einem Käfig eingesperrt und seine Schwester Gretel steht bei der Hexe neben dem Ofen. Die Bremer Stadtmusikanten schauen den Räubern durchs Fenster über die Schulter.

Aber der Märchenwald ist kein reiner Figurenpark, er ist auch ein Zoo. Auf dem Rundgang von Märchen zu Märchen kommt man vorbei an Gehegen mit Schafen, Ziegen, Hirschen, Wild- und Hängebauchschweinen. Passendes Futter für sie bekommt man am Kiosk. In den großzügigen Volieren werden auch obdachlose Vögel vom Tierheim aufgenommen. Für lange Begeisterung bei unseren Kindern sorgen kleine Wasserschildkröten. Wenn die Kleinen nicht mehr selbst gehen wollen oder können, reiten sie eine Runde auf einem Pony. Oder sie fahren ein, zwei, drei Runden auf der Parkeisenbahn. Und vom Kletterspielplatz bekommen wir sie fast nicht mehr runter. Beinahe müsste das Ende dieses Märchens folgendermaßen lauten: Wenn sie nicht gestorben sind, spielen sie noch immer dort.

☞ Geburtstagskinder sind Kinder im Glück: Wenn sie dem Schongauer Märchenwald einen Besuch abstatten, bekommen sie den Eintritt sogar geschenkt.

PLANTSCH /// LECHUFERSTRASSE 6 /// 86956 SCHONGAU ///
0 88 61 / 21 44 44 /// WWW.PLANTSCH.DE ///

WASSERSPASS IM PFAFFENWINKEL
Schongau – Plantsch

Die Stadt Schongau besaß ein Hallenbad aus den 70ern, das nett war, in dem man schwimmen konnte. Dann entschloss man sich, zu renovieren und anzubauen, denn mittlerweile wollen die Menschen mehr. Sie werden an alle möglichen Orte quer durch halb Süddeutschland gelockt von »Funbad« zu Megatherme. Seit 2001 hat das Schongauer Stadtbad Plantsch auch einen Wellness-Bereich inklusive Sauna.

Wenn wir streng wären, müssten wir sagen, dass wir in Schongau nichts mehr verloren haben, denn Schongau liegt bereits in Oberbayern, genauer gesagt im Pfaffenwinkel. Der Begriff Pfaff geht auf einen Raistinger Dorfpfarrer aus dem 18. Jahrhundert namens Franz Sales Gailer zurück. Er benutzte den Begriff als Umschreibung für seinen eigenen Berufsstand. Zum ausgewachsenen Winkel macht diese bis nach Bendiktbeuren reichende Nachbarregion die große Anzahl an bedeutenden Gotteshäusern. Darunter ist zum Beispiel die Wieskirche, die Wallfahrtskirche in Hohenpeißenberg und die Klosterkirche in Ettal. Schongau selbst liegt im Wesentlichen noch westlich des Lechs und der wiederum markiert ja eigentlich die östliche Grenze des Allgäus beziehungsweise die westliche des Pfaffenwinkels, womit wir so gesehen in Schongau wieder richtig wären.

Das Plantsch jedenfalls ist ein Anziehungspunkt auch überregional. Nicht nur Allgäuer im strengen Sinne und Allgäu-Urlauber besuchen es gern, auch aus Augsburg und Landsberg kommen die Plantschhungrigen, weil das Preis-Leistungs-Verhältnis stimmt. In der Badewelt ist die größte Attraktion eine 86-Meter-Reifenrutsche mit Lichteffekten. Im Sportbeckenbereich sorgen fünf Bahnen dafür, dass die Schwimmenden sich nicht zu nahe kommen. Im Außenbecken herrschen ganzjährig 34 °C, ein Strömungskanal lässt einen Kreisel ziehen. Auch die Saunawelt ist gut bestückt mit zwei finnischen Saunen, einem Dampfbad und einem Tepidarium. Hier ist eine Erweiterung geplant.

✆ Wen der Hunger plagt, der bekommt für weniger als zwei Euro im Restaurant Pommes, zwar keine leichte Kost, aber immerhin ein Schwimmbad-Klassiker.

TOURISTIKBÜRO MARKTOBERDORF ///
RICHARD-WENGENMEIER-PLATZ 1 /// 87616 MARKTOBERDORF ///
0 83 42 / 40 08 45 /// WWW.TOURISTIK-MARKTOBERDORF.DE ///

Durch Marktoberdorf zieht es einen mit dem Auto durch auf einer mächtig befahrenen Hauptstraße. Der Verkehr strömt in einem fort, man wagt es kaum, ihn zu bremsen, indem man den Blinker setzt und ausbricht – und zwar nach oben, zur Pfarrkirche St. Martin und zum Schloss, zu den großen Sehenswürdigkeiten der Hauptstadt des Ostallgäus. Und oben angekommen, während man das Auto beim Friedhof parkt, weiß man: Es war eine gute Entscheidung.

Die Stadt ist wahnsinnig geschäftig. Ich muss immer an Marktoberdorf denken, wenn ich einen grünen Traktor sehe. Die Firma Fendt baut sie hier in einem riesigen Werk. Es sind die Traktoren meiner Jugend. Die Bauern, die mich als kleines Kind mitnahmen zum Bulldog-Fahren über ihre Felder und mir damit erhebliche Glücksmomente bescherten, diese Bauern fuhren Fendt. Nachdem ich nun selbst groß geworden bin, fahren sie – wahrscheinlich sind es inzwischen ihre Kinder – vor mir her. Ich muss mich und meine wilde Jagd über Land in meinem Auto bremsen und auf eine Überholgelegenheit warten. Anstatt mal in die Gegend zu schauen, wie es früher möglich und durchaus ein Vergnügen war, ärgere ich mich. Ich denke an Marktoberdorf.

Dort oben auf dem Schlossberg steht St. Martin, eine zwischen 1730 und 1734 von einem gewissen Johann Georg Fischer errichtete Rokoko-Kirche. Schön ist es drinnen, zu einer Ruhe finden wir hier, mit der wir unten auf der Hauptstraße nicht gerechnet hätten. Das Schloss nebenan ist Sitz des Vermessungsamtes sowie der Bayerischen Musikakademie. Da kommt man nicht einfach so hinein. Nebenan startet die Kurfürstenallee, eine fast zwei Kilometer lange Lindenallee mit einem gut 200 Jahre alten Baumbestand. Der Kurfürst Clemens Wenzeslaus, den ich mir immer ein bisschen schrullig vorstelle, ließ sie in den 1770er-Jahren anlegen. Da juckt es einen gleich, spazieren zu gehen. Man kann von hier aus über den *Prälatenweg* die 140 Kilometer bis Kochel wandern. An einem Nachmittag kommt man gut zum Auerberg.

🎵 Der in Marktoberdorf ansässige Carl-Orff-Chor unter der Leitung von Stefan Wolitz interpretiert beeindruckend anspruchsvolle A-cappella-Literatur.

KÜNSTLERHAUS MARKTOBERDORF /// KEMPTENER STRASSE 5 ///
87616 MARKTOBERDORF /// 0 83 42 / 91 83 37 ///
WWW.KUENSTLERHAUS-MARKTOBERDORF.DE ///

Wer Kunst an den Mann bringen will, muss sie erst mal bekannt machen. Zweifellos ist das in großen Städten einfacher. Da kommt das Publikum beim Einkaufsbummel mal eben an einer Galerie vorbei, bleibt eine Weile hängen und ist um eine Kunsterfahrung reicher. Riesenstädte gibt es im Allgäu nicht, da muss die Kunst andere Wege ins Bewusstsein der Leute suchen. Wenn die erst gebahnt sind, ist vieles einfacher.

Kaum etwas bewegt das Volk in der Breite mehr als Bauten aus öffentlicher Hand. Es gibt Städte, da scheuen Demonstranten nicht vor Eierwürfen oder handgreiflicher Gewalt zurück, um ihren Missmut etwa gegen neue Bahnhöfe oder Startbahnen von Flughäfen zum Ausdruck zu bringen. So weit war man in Marktoberdorf nie, aber man diskutierte schon mal etwas lauter, als das neue Künstlerhaus gebaut wurde. Die beiden Schweizer Architekten Andrea Deplazes und Valentin Bearth sind für das Ergebnis verantwortlich. Relativ zentral gelegen sticht es auf jeden Fall hervor: Zwei aus rotem Klinker errichtete Kuben erreicht man durch einen ummauerten Vorhof. Eine Glasfuge verbindet das neue Haus mit dem Dr. Geiger-Haus aus den 20er-Jahren, das Büro- und weitere Ausstellungsräume enthält. Im Süden liegt ein Garten. Sowohl Außen- als auch Innenseiten bestehen aus Sichtmauerwerk. Das Haus ist ein bisschen abgesenkt. Die Ausstellungsräume erstrecken sich über drei Etagen von unterschiedlicher Beleuchtung.

Seit 1978 veranstaltet die Stadt Marktoberdorf jährlich die *Ostallgäuer Kunstausstellung*. Ankäufe aus dieser Veranstaltung ließen die Sammlung der Stadt auf 250 Gemälde, Zeichnungen, Fotografien und Plastiken anwachsen. Um diese angemessen präsentieren zu können, wurde das Künstlerhaus gebaut. Es ist seit 2001 geöffnet, seit 2006 ist es der Veranstaltungsort der *Ostallgäuer Kunstausstellung*. Wechselnde Ausstellungen zeigten schon Werke von Herbert Achternbusch, Benjamin Bergmann und Franz Hitzler.

✐ Zentrales Anliegen des Künstlerhauses ist es, Kindern Kunst nahezubringen. Deswegen gibt es zu jeder Ausstellung ein entsprechendes Begleitprogramm.

ANTON SCHMID HALLENBAD /// BAHNHOFSTRASSE 42 ///
87616 MARKTOBERDORF /// 0 83 42 / 89 58 70 ///
WWW.HALLENBAD-MARKTOBERDORF.DE ///

EINE STEIGERUNG
DER ÖRTLICHEN ATTRAKTIVITÄT
Marktoberdorf – Anton Schmid Hallenbad

63

»Ja, das Hallenbad hier, das ist sehr schön«, sagt der Marktoberdorfer und legt uns einen Besuch wärmstens ans Herz. Wir haben, weil in einer ähnlichen Situation wie er, gerade darüber gesprochen, wie familienfreundlich eine Gemeinde zu sein hat. Was sie tun muss, damit sich junge Familien niederlassen. Man soll da ein gutes Bad nicht überbewerten, Kindergarten, Schule und der Verkehr sind schon entscheidend.

Dennoch ist ein gutes Bad natürlich nicht zu verachten und ein Argument bei der Wahl des Ortes, an dem man seine Kinder großziehen will. Das Anton Schmid Hallenbad hat angenehm moderate Eintrittspreise, da kommt man gern ein zweites Mal, wenn das Loch im Geldbeutel nicht zu groß wird. Im Sommer toben die Kinder auf einer geräumigen Liegewiese. Wer will, balanciert über eine Slackline, ein zwischen zwei Befestigungspunkten gespanntes Gurtband. Auf dem Wasserspielplatz können die Kinder zu ihrem höchsten Vergnügen mit Wasser und Sand »experimentieren und dabei vielfältige Sinneserfahrungen sammeln«, wie es der Prospekt des Hallenbads formuliert. Größere werfen sich den Ball auf dem Beachvolleyballfeld zu. Das Außenbecken ist im Sommer auf 30 °C und im Winter auf 34 °C geheizt und hat viele Massagedüsen, Sprudelliegen, einen Strömungskanal, Nackenduschen, Fontänen und einen Whirlpool mit Bank- und Bodensprudler. Da treibt die Zeit an einem vorbei. Gut dann, dass es im Sommer keine Stundenbeschränkung beim Kauf der Eintrittskarte gibt. Großes Plus für Kinderwagenfahrer ist die komplette Barrierefreiheit in allen Bereichen.

Auch eine Saunalandschaft ist vorhanden. Neben der klassischen finnischen Sauna, wo man bei 90 °C regelmäßig Aufgüsse vom Fachpersonal bekommt, und einer Dampfsauna mit 100 Prozent Luftfeuchtigkeit existiert noch ein »Sanarium«, worin nur 55 °C herrschen und man langsam seine Saunatauglichkeit aufbauen kann. Auch hier wird halbstündlich aufgegossen. Ja, wir sind uns da einig: Das ist alles ganz fein für Familien.

✎ Zum Angebot des Anton Schmid Hallenbades zählen auch Kurse in Wassergymnastik, Babyschwimmen, Schwimmkurse und Beachvolleyball-Turniere.

DIE WUNDER VON KOHLHUNDEN
Kohlhunden – Kindlekapelle

64

Da steht mitten im Wald ein Baumstamm, behängt mit Kinderklei-
dern und -spielzeug wie bestellt und nicht abgeholt. Daneben eine
kleine Kapelle mit einer wunderbaren Geschichte. Einst verliefen
sich hier zwei Kinder – die Ähnlichkeit mit Hänsel und Gretel ist
rein zufällig – im Wald. Sie schliefen erschöpft und verzweifelt ein.
Im Traum erschien ihnen das Jesuskind.

Und in diesem Traum wurde den Verirrten der Weg zu einer
gewissen Tanne gewiesen, unter der sie ihre Mutter wiederfand. An
dieser Stelle wurde im Jahre 1881 eine Kapelle errichtet, 20 Jahre später ersetzte man diese durch eine größere und schließlich entstand
1971 die heutige. Hierher kommen Eltern, deren Kinder in Not sind,
zur »Kindle-Wallfahrt«. Sie hinterlassen ein Kleidungsstück an einem
Baumstamm neben der Kapelle und beten für das Wohl ihres Kindes.

Aber das sind nicht die einzigen Wunder von Kohlhunden. Als
man um die vergangene Jahrtausendwende herum begann, eine Um-
gehungsstraße für den Weiler zu bauen, entdeckte man die Überreste
eines alten römischen Wohnhauses, was – rein archäologisch betrachtet – eine Sensation war, da das Allgäu zur Römerzeit sehr dünn besiedelt war. Heute kann man das beinahe komplett freigelegte Bad des
Wohnhauses anschauen.

Um alle Sehenswürdigkeiten des kleinen Ortes sehen zu können, wandert man am besten den »Terra Nostra-« oder »Klobunzele-
Weg«, auf dem die Erwachsenen auf den »Terra Nostra-Tafeln« kul-
turhistorisch und geologisch informiert werden und die Kinder auf
den »Klobunzele-Tafeln« die Natur entdecken können. Dabei kommt
man auch an der sogenannten Teufelseiche vorbei. Ein Bauer hat dem
Teufel seine Seele für eine gute Ernte versprochen; sobald diese Eiche
kein Laub mehr trage, könne er sie sich abholen. Weil hier aber eine
Winter- und eine Sommereiche miteinander verwachsen sind, wartet
der dunkle Herr immer noch vergeblich.

✍ Jeden Sonntag gibt es im Römerbad kostenlose Führungen,
dann ist es auch möglich, das Glasgebäude zu betreten, das über
die alten Anlagen gebaut wurde.

AUERBERG /// 86975 BERNBEUREN ///
0 88 60 / 9 10 10 /// WWW.AUERBERG.NET ///

DER STREIT UMS ENSEMBLE
Auerberg

65

»Wem gehört unsere Landschaft?«, fragt uns ein Flyer der *IG Auerberg*, eines Vereins, der sich in Bernbeuren zum Schutz des Auerbergs gegründet hat. Der Auerberg ist in vielfacher Weise attraktiv: historisch, biologisch, geologisch, landschaftlich und vor allem touristisch. Klar, dass deshalb eine Menge Leute Interesse an dem Objekt haben und ebenfalls klar, dass diese Interessen irgendwann kollidieren müssen.

Von Bernbeuren führt der Römerweg auf den Auerberg. Wir überqueren nach dem Ortsausgang eine Wiese und gelangen in die Feuersteinschlucht. Woher sie ihren Namen hat, ist schwer zu sagen, denn Feuersteine findet man hier nirgends. Egal, der Bach, der durch die Schlucht jagt, ist ein Abenteuerspielplatz. Man findet an einer Station des Römerlehrpfads Material, mit dem man die Bachfauna bestimmen kann. In einem Wildgehege weiter oben kann man Damwild beobachten und an der dazugehörenden Schautafel verschiedene Geweihe ihren Trägern zuordnen.

Oben auf dem Auerberg befindet sich eine alte römische Siedlung. Um 12 n. Chr. kamen die Römer hier an und errichteten Glas- und Eisenwerkstätten. 30 Jahre später verließen sie den Ort wieder und keiner weiß, warum. Die Georgskirche auf dem Gipfel ist das Ziel des Georgiritts, der jedes Jahr am Sonntag nach dem Georgstag (23. April) Tausende Besucher anzieht. Das Gotteshaus bietet von seinem Turm aus einen sagenhaften Ausblick auf die Allgäuer Alpen und bildet zusammen mit dem nahe gelegenen Gasthaus ein denkmalgeschütztes Ensemble. Kein Wunder, dass man hier gern heiratet.

Irgendwann kam einer auf die Idee, das Areal oben für Events auszubauen. Man wollte zwei Festhallen errichten und eine Festwiese samt Parkplatz planieren. Doch dann regte sich der Widerstand der Bevölkerung. Sie starteten eine Bürgerinitiative, der Verein *IG Auerberg* wurde gegründet. Bisher sind sie erfolgreich: Der Auerberg ist, wie er war. Hoffentlich bleibt es so.

✎ Der LBV bietet Karten zur Bestimmung von Wasserkleinlebewesen an. Mit deren Hilfe kann man Rückschlüsse auf die Gewässerqualität ziehen.

GEMEINDEVERWALTUNG WALD /// **NESSELWANGER STRASSE 4** ///
87616 WALD /// **0 83 02 / 4 73** /// **WWW.WALD-ALLGAEU.DE** ///

EIN LIEBLINGSPLATZ IN DER MITTE
Wald – Weiher

66

Es war ein Tag, den man in diesem durchwachsenen August nicht mehr für möglich gehalten hätte: Sonne, heiß, über 30 °C. Wir waren auf halbem Weg zwischen Marktoberdorf und Nesselwang in dem 1.000-Seelen-Ort Wald; wir besuchten Bekannte, die vor Kurzem ein Kind bekommen hatten. Es war nicht viel anzufangen mit uns und unseren Kindern. Wir zogen los und landeten am Walder Weiher und fanden Glück für Stunden.

Es ist nicht so, dass Wald touristisch überhaupt nicht vermarktet wird: Es gibt zum Beispiel mit dem Berghof einen Bauernhof, der sich durchaus sensationell herausgeputzt hat für Familien, die Urlaub auf dem Bauernhof machen wollen. Da kann man zuschauen, wie Käse hergestellt wird, oder auf der Hofbrauerei sogar beim Biermachen dabei sein und anschließend selbstverständlich zünftig probieren. Auch für Wohnmobiltouristen bietet Wald einen preiswerten Stellplatz beim Weiher.

Dort sind auch wir gelandet. Beim Weiher in Wald, der hiermit ausdrücklich empfohlen sei als einer von vielen, unzähligen Badeweihern in der Umgebung, in die man sich schmeißen kann für ein bisschen Abkühlung, ohne dafür zur Kasse gebeten zu werden. Der erste Weiher, an dem wir liegen, ist vortrefflich bewirtet von einem Kiosk aus. Weil einen im August die hungrigen Wespen arg plagen, wird jedes Getränk im Glas mit einem hölzernen Deckel gereicht. Meiner trägt die an die bedauerlicherweise analphabetischen Wespen adressierte Aufschrift »Wir müssen leider draußen bleiben«. Am zweiten Weiher steht die Fischerhütte, in der sich die Männer vom Dorf treffen, nicht immer nur wegen des Angelns. Und der dritte Weiher ist der abgelegene für diejenigen, die aus welchem Grund auch immer ungestört sein wollen. Man kann hier Schwäne sehen.

Wir vergessen die Zeit in Wald. Aus einer kurzen Abkühlung werden Stunden am Wasser. Eine muntere Gesellschaft findet sich zusammen, um den Abend zu feiern. Das nächste Mal halten wir wieder hier.

✐   Wald gelangte in die überregionale Presse, weil aufgrund eines Blitzeinschlags im Jahr 2012 der Kirchturm auf die Straße fiel, was für spektakuläre Schlagzeilen sorgte.

DIE PRACHT NEBEN DEM DORFLADEN
Seg – St. Ulrich

67

Ich lass mich um die Mittagszeit von der Eisenbahn nach Süden fahren. In Marktoberdorf füllt sich der Wagen mit sich nach Hause sehnenden Schulkindern. In Seeg spuckt der Zug die letzten von ihnen und auch mich aus. Ich stehe am Bahnsteig, einer Baustelle – das Wartehäuschen wird neu hergerichtet. Die Schranke hebt sich langsam und lässt die Autos weiter, die meinet- und meines Regionalexpresses wegen warten mussten.

In der Mittagshitze gehe ich den Berg zum Dorfzentrum hinauf, ein wenig Schatten wäre mir und einem beim Maibaum verschnaufenden Radfahrer jetzt gerade recht. An der Kurve steht ein Imbisswagen und will Heißes und Fettiges loswerden, die Verkäuferin sitzt im Schatten ihres Wagens und grüßt mich freundlich. Hinter ihr befindet sich der Dorf-Edeka und ein paar Schritte weiter eine Kirche, von der man sagt, sie sei die »Wieskirche des Allgäus«.

Ich betrete den Kirchenraum und werde regelrecht emporgerissen zum Deckengemälde von Johann Baptist Enderle; in Gedanken befinde ich mich mitten in der Dreifaltigkeit in Pastell. Ein Frieden umfängt mich in dieser Rokokopracht, die Johann Jakob Herkomer im 17. Jahrhundert hier hergestellt hat, die mich zum Verweilen bringt und andächtig werden lässt.

Aber es lohnt sich auch, ein bisschen vom Krieg zu erzählen – wegen der Action. Bevor sich hier das Rokoko durchsetzen konnte, hatten die Seeger eine Glocke, die angeblich so gewaltig klang, dass sie das schlechte Wetter vertreiben konnte. Aus Angst, das Kunstwerk könne im Schwedenkrieg Schaden nehmen oder gar eingeschmolzen werden, versenkten die Seeger ihre Glocke im See bei Seeg. Krieg und Pest zogen übers Land und bald lebte keiner mehr von denen, die noch wussten, an welcher Stelle die Glocke versenkt wurde.

Deswegen ruht sie noch heute dort, irgendwo unter der Oberfläche im Schlamm. An Regentagen fragt man sich, wieso man sie nicht einfach heben kann, im 21. Jahrhundert, und die Tropfen wegläutet.

🖋 Von der Kirche St. Ulrich gibt es einen schönen Wanderweg zum See – Seeg ist überhaupt eingesponnen von einem sich lohnenden Wanderwegenetz.

SEEPARK RESTAURANT SCHWALTENWEIHER /// SCHWALTEN 2 ///
87637 SEEG /// 0 83 64 / 4 16 /// WWW.SCHWALTENWEIHER.DE ///

DIE VERMARKTUNG DER SCHÖNHEIT
Schwaltenweiher

Wir waren die Letzten. Nach uns schlossen sich die Tore des Seehotels Schwalten erst mal. Für unbestimmte Zeit. Das erfuhren wir am Morgen unserer Abreise. Wir waren Lehrer aus Schwaben und dem Allgäu, die hier getagt und sich ausgetauscht hatten. An sich hatten wir mit dem Hotel in einem Schloss direkt am Schwaltenweiher einen idealen Platz für unser Treffen gewählt.

Der Schwaltenweiher ist ein Stausee. Kaiser Maximilian I. ließ ihn 1514 anlegen, um Fische zu züchten und Wasservögel zu jagen. Auf einem Wanderweg kann man ihn umrunden, man genießt dabei den Blick auf die Allgäuer und Tiroler Alpen. Es gibt zwei Wirtschaften, die einen gut regional bekochen. Wenn es zu heiß ist, springt man ins Wasser.

Zurück zum Schloss. Saubere, komfortable Zimmer, ein aufgeräumter Seminarraum, direkter Zugang zum See, moderate Preise – mittlerweile hat die Anlage einen neuen Betreiber, kein Wunder, wo doch die Gegend alles perfekt arrangiert hat.

Einen kleinen Haken hat der Aufenthalt an einem so beliebten Ort dennoch. Es fällt auf, dass ein Besucher der Gegend einen locker sitzenden Geldbeutel haben muss. Will man baden und duschen, muss man zahlen. An einer anderen Stelle wird für den Parkplatz eine Gebühr erhoben. Nie wird man mehr los als ein, zwei Euro, doch irgendwann nervt es. Natürlich kostet der Unterhalt der Anlagen und der Natur Geld, und ich bin auch bereit, dafür zu zahlen. Aber nicht fünfmal am Tag. Irgendwo findet sich ein Plätzchen mit kostenlosem Zugang zum See, wenn man ein wenig entfernt parkt. Dann hat man auch noch einen herrlichen Spaziergang zum Wasser durch ein kleines Wäldchen mit einem verheißungsvollen Blick auf die Berge. Hier verweilt man gern, hier würde man gern der Zeit befehlen anzuhalten. Keine Frage: Wir kommen jederzeit gern wieder an den Schwaltenweiher.

Man kann sich auch ein Boot ausleihen, ein wenig im See rudern und anschließend im Restaurant Schwaltenweiher der Sonne beim Untergehen zusehen. Traumhaft.

LASS ES KRACHEN, BOB
Nesselwang – Alpspitz-Bade-Center (ABC)

Der verrückte Bob funkelt dich an mit seinen wilden Augen. Er zieht dich an und hinein in eine blaue Höhle und spuckt dich gute 100 Meter später kreischend vor Lachen wieder aus. Du gibst deinen gelben Schwimmreifen an den Nächsten in der Schlange und reihst dich gleich wieder hinten ein. Denn der Crazy Bob hat dich ein bisschen süchtig gemacht nach der nächsten Prise Adrenalin.

Das ABC ist was für Aktive, die Spaß, Sport und Action lieben. Der Crazy Bob, über dessen Ausstiegsbereich eine wilde, überlebensgroße Maske hängt, ist ein flacher Wasserkanal, den man mit Schwimmreifen durchrast – eine Gaudi für jedes Alter. Die Eltern können ihre Kinder auf dem Schoß mitnehmen. Aber auch abgesehen davon kommt man im Alpspitz-Bade-Center kaum zur Ruhe: Im Sportbecken kann man selbst an Tagen mit viel Betrieb immer noch ungestört seine Bahnen ziehen. Das Innenbecken für Nichtschwimmer erreichen wir über eine Brücke, ein Strömungskanal umgibt es, da treibt es einen Runde um Runde dahin. Auch außen kann man sich in heiße Becken legen und Ausblicke auf die Alpspitze, den Nesselwanger Hausberg, werfen. Für die Besucher der Saunawelt steht ein See zur Verfügung, der von Quellwasser gespeist wird, richtig eisig wird das im Winter, aber so soll sich Abkühlung anfühlen.

Das ABC ist äußerst beliebt und wird gerade an Tagen mit suboptimalem Wetter von vielen Familien als willkommene Alternative zu Bergwanderungen aufgesucht. Nesselwang mit seinen gerade 3.600 Einwohnern bringt es jedes Jahr auf sage und schreibe 220.000 Gästeübernachtungen. Man ist hier also auf Fremde eingestellt und diese Willkommenheit spürt man schon beim Betreten des ABC. Auch wenn die Massen nur so strömen, sind die, die hier arbeiten, äußerst freundlich und höflich zu einem. Man hat nie das Gefühl, jemandem lästig oder im Weg zu sein. Und man will da wieder hin, zu diesem durchgeknallten Bob, und sich von ihm durchziehen lassen.

✍ Ende 2010 hat eine neue Kombibahn mit fünf Achter-Gondeln und 15 Vierersesseln auf die Alpspitze den fast 50 Jahre alten Einersessellift abgelöst.

PFRONTEN TOURISMUS /// VILSTALSTRASSE 2 /// 87459 PFRONTEN ///
0 83 63 / 6 98 88 /// WWW.PFRONTEN.DE ///

DAS BAD IM HEU
Pfronten

70

Kneippkurort, Luftkurort, Schrothkurort – kaum ein Ort, durch den man im Allgäu fährt, der nicht in irgendeiner Weise Kurort ist. Pfronten hat seine eigene besondere Kurart: die Heukur, die den Ort regelrecht zu einem »Heuort« macht. Ja, es gibt hier sogar eine »Heukönigin«, die im Gegensatz zu Wein- oder Bierköniginnen bundesweit die einzige ihrer Art ist und hilft, Pfronten zu repräsentieren.

Das Wort »Kur« kommt aus dem Lateinischen: »Cura« kann unter anderem Sorge bedeuten. Nach einem deutschen Kurortegesetz dient eine Kur »durch wiederholte Anwendung vorwiegend natürlicher Heilmittel nach einem ärztlichen Plan der Gesunderhaltung oder Genesung des Menschen; in der Regel ist sie mit einem Ortswechsel verbunden.« Heutzutage gibt es keine Kuren mehr. Heutzutage bekommt man von der Krankenkasse eine »Vorsorge- oder Rehabilitationsmaßnahme« bezahlt.

Wer eine Heukur will, muss nicht krank sein, der will sich vielleicht einfach etwas Gutes tun. Die Anwendung basiert auf einem alten Rezept, denn was früher gut war, muss heute nicht unbedingt schaden. Holzknechte schliefen einst nach ihrer knüppelharten Arbeit im frischen Heu und standen am nächsten Morgen wie neugeboren auf und waren in der Lage, den neuen Tag durchzustehen. Bergbäuerinnen behandelten Gicht, Hexenschuss und Rheuma mit warmen Heupackungen – und es funktionierte. Wer nun in Pfronten eine Heubehandlung an sich vornehmen lässt, wird von Fachpersonal in einen 41 °C warmen Wickel eingepackt, in dem eine Luftfeuchtigkeit von 100 Prozent herrscht, und genießt eine halbe Stunde die absolute Entspannung. Auf einer Bergwiese wachsen ungefähr 70 Kräuter, deren Heilwirkung bekannt ist. Übrigens können sich auch Heuschnupfengeplagte ins Heu einpacken lassen, ohne eine allergische Reaktion befürchten zu müssen. Die Kräuter helfen nicht nur von außen, sie haben auch in Pfrontens Küche Eingang gefunden. Man kann hier Heuschnaps bestellen.

✍ Auf der Ruine Falkenstein bei Pfronten wollte Ludwig II. einst ein noch größeres Schloss als Neuschwanstein bauen. Er kam nicht mehr dazu.

IN DIE BERGE HINEINSCHWIMMEN
Pfronten – Alpenbad

71

Das Tollste am Alpenbad in Pfronten ist – gar keine Frage – die Aussicht. Man hat draußen im Wasser regelrecht das Gefühl, in die Alpen hineinzuschwimmen. Das Alpenbad liegt am Südhang und ist eine der schönsten Freibadanlagen des Allgäus. Auf dem großen Außenareal gibt es ein 50-Meter-Freibecken, in dem man in Ruhe mal ein paar Tausend Meter wegschwimmen kann, bevor man sich auf der Liegewiese breitmacht.

Die Gesamtfläche der Anlage beträgt fette 25.000 Quadratmeter, die man natürlich vor allem im Sommer voll ausnützen kann. Da kann man dann sowohl von der Felsen- als auch von der 73-Meter-Großwasserrutsche rutschen und sich im Wildwasserkanal treiben lassen. Im Winter oder wenn es draußen zu ungemütlich ist, dann wechselt man flugs ins Hallenbad. Ein großes Schwimmbecken, Felsengrotte mit Kaltwasserfall, ein Heißwasserbecken im Freien sowie die Fitnessinsel mit Sauna, Dampfbad, Solarium und Fitnessstudio lassen keine Langeweile aufkommen. Der Wintergarten mit großer Liegefläche, die Kinderzone mit lustigen Spieltieren und Wasserlandschaft, die Bikinibar sowie das Wassersportprogramm bringen Abwechslung in den Familien-Badetag. Durch die Glasfenster oder vom Außenbecken aus hat man dann immer noch diesen Blick auf die Berge, weswegen man hierherkommen sollte.

Wer nicht so auf den Trubel und die großen Massen steht, der soll früh aufstehen, an zwei Tagen in der Woche kann man schon um 7 Uhr früh seine Bahnen ziehen und ist trocken, bevor der Ansturm einsetzt. Was ich auch noch nie anderswo gesehen habe und worauf man hier besonderen Wert legt, ist das Aqua Cycling. Dahinter verbirgt sich ein einzigartiges Fitnessgerät – das SharkBike. Aqua Cycling ist deswegen so effektiv, weil der Wasserwiderstand um ein Vielfaches höher ist als der Luftwiderstand. Und das bedeutet: Trainingsziele werden bei geringerer Belastung wesentlich schneller erreicht.

✍ Wer Kinder hat und denen noch was mit Wasser bieten will, dem sei die Schatzinsel in Pfronten-Heitlern empfohlen. Da kann man mit Sand und Wasser spielen.

Füssen ist eine Geigenbauerstadt. Allein drei Geigenbauerwerkstätten und ein Zupfinstrumentenbauer produzieren heutzutage in Füssen hochwertige Instrumente für den internationalen Markt. Dabei hat der Instrumentenbau hier eine lange Tradition. Die erste Lautenmacherzunft europaweit wurde 1562 hier gegründet. 20 Lautenmachermeister gab es damals in einer Stadt von gerade 2.000 Einwohnern.

In der Barockzeit stellte man um auf den Bau von Geigen. Füssen entwickelte sich zum wichtigsten Zentrum des deutschen Geigenbaus mit über 80 Geigenbauern am Ort. Der Grund für diesen Boom lag darin, dass man den Rohstoff in den Bergwäldern des Ammergebirges zur Verfügung hatte: Fichtenholz für die Decken und Eibenholz für den Resonanzkörper. Füssen lag damals schon mindestens ein Jahrtausend an wichtigen Handelsstraßen. Die Römer errichteten ihr Militärlager Foetibus an ihrer von Norditalien nach Augsburg führenden Straße Via Claudia Augusta. Foetibus ist eine Latinisierung des germanischen Wortes »fot« (Fuß), von ihm leitet sich auch der jetzige Stadtname ab.

Magnus, der Apostel des Allgäus, kam im 8. Jahrhundert als Missionar von St. Gallen nach Füssen. Er gründete eine Mönchszelle, aus der sich dann das Benediktinerkloster St. Mang entwickelte. Innerhalb der Klosteranlage ist das Museum der Stadt Füssen untergebracht. Der Besucher wird in die Welt des Barock entführt. Fürstensaal, Kapitelsaal und Klosterbibliothek lassen den früheren Wohlstand des Benediktinerstiftes erahnen.

Das Hohe Schloss befindet sich auf einem Hügel über der Altstadt. Es ist eine der am besten erhaltenen mittelalterlichen Burganlagen in Bayern. Bemerkenswert sind die Illusionsmalereien an den Hoffassaden. Von 1313 bis 1802 war es Sommersitz der Fürstbischöfe von Augsburg, die gleichzeitig die Füssener Stadtherren waren. Heute ist dort eine Filialgalerie der Bayerischen Staatsgemäldesammlungen untergebracht.

✍ 16 Mal wurde der Eishockeyverein Füssen von 1949 bis 1973 Deutscher Meister. Somit ist er nach dem Berliner SC der erfolgreichste deutsche Eishockeyverein.

HOTEL RESTAURANT ALATSEE /// AM ALATSEE 1 /// 87629 FÜSSEN ///
0 83 62 / 62 05 /// WWW.HOTEL-ALATSEE.DE ///

EIN SAGENHAFTES GEWÄSSER
Füssen Alatsee

Der traumhaft auf 862 Metern gelegene Alatsee ist ein magischer Ort. Wenn man an ihn tritt, versteht man sofort, warum sich um ihn Sagen, Sagen und noch mal Sagen ranken. Ein See, der blutet, in dem lebt auch ein Ungeheuer. Und wäre es nicht so verflucht schön hier, würde ich mich zurückziehen, denn am Grund wohnen drei verwunschene Frauen, die Männer in ihre Fänge locken wollen.

Als der damals noch nicht Heilige Magnus, der Apostel des Allgäus, von St. Gallen nach Füssen kam, richtete er sich eine kleine Mönchszelle ein, aus der im Lauf der Zeit das unglaublich reiche und prächtige Kloster St. Mang wurde. Dort waltete einmal ein gieriger, gemeiner Klostervogt, der von einem alten Mütterlein die Fischrechte am Alatsee pachtete. Später behauptete er frech, dass diese immer schon dem Kloster gehörten. Vor Gericht bekam der Unmensch sogar recht. Das Weiblein ging heulend und betend an den See und schwor, nicht von der Stelle zu weichen, bis Gott ein Zeichen seiner Missgunst gegeben habe. Da donnerte es und ein Bergrutsch riss Hunderte von Tannen in den See. Seitdem gilt der See nicht mehr als unendlich tief. Die Netze der Fischer verfingen sich fortan in den Wipfeln der Bäume im Wasser und nicht selten fand einer den Tod.

In etwa 15 Metern Tiefe gibt es im Alatsee eine dicke Schicht von Purpur-Schwefelbakterien, die gelegentlich rot und unheimlich schimmern. Unterhalb dieser Schicht gibt es keinen Sauerstoff mehr.

Dieses Naturphänomen beflügelt auch die Fantasie der modernen Menschen. Während des Zweiten Weltkrigs war am Alatsee militärisches Sperrgebiet. Geheimnisvolle Experimente mit Unterwasserwaffen habe man hier durchgeführt. Huhu. Und weil das noch nicht genügt, heißt es, dass die Nazis, kurz bevor es vorbei war mit ihrem Reich, Unmengen an Gold hier versenkt hätten, die noch auf einen Finder warten. Wahrscheinlich trifft den dann irgendein Fluch.

🖉   Vom Parkplatz am Alatsee führt eine circa 40 Minuten lange Wanderung zur Salober Alm, die an der Grenze zwischen Österreich und Deutschland liegt.

Es heißt immer, unsere Kinder kennen keine Natur mehr. Und was man nicht kennt, das kann man nicht achten. Schrecklich die Vorstellung, eine Generation vor uns zu haben, die ihre und auch unsere Lebensgrundlagen aus Unwissen zerstört. Die Bayerische Forstverwaltung fährt seit Jahren eine waldpädagogische Offensive, die den Jungen den Wald buchstäblich wieder begreiflich machen will.

Doch auch als Erwachsener hat man seine Freude an der originellen Weise, wie hier mit der Umgebung umgegangen wird. Man spürt nämlich, dass es nicht in erster Linie darum geht, möglichst viel Faktenwissen in kleine Köpfe zu stopfen. Im Mittelpunkt stehen persönliche Erlebnisse und das Staunen über Naturzusammenhänge. So kann man Anstöße geben, über das eigene Wertverständnis nachzudenken. Eine wichtige Rolle spielen dabei die Walderlebniszentren. Die Ziegelwies in Füssen ist eines von neun in Bayern und das einzige im Allgäu. Es steht direkt an der Grenze zwischen Bayern und Tirol, überragt von über 1.000 Meter hohen, steil ansteigenden Bergen und in unmittelbarer Nachbarschaft zum Lech. Nachdem im Jahr 2000 das ehemalige Forstamt Füssen umgezogen war, wurde das Grenzpolizeigebäude frei. Hier ist nun das Hauptgebäude untergebracht. In der Ausstellung kann man zwei Bienenvölker hinter Glas beobachten. Über 70.000 Besucher kommen jedes Jahr hierher. Es gibt zwei Pfade, den Auwaldpfad und den Bergwaldpfad, die einem die jeweiligen Lebensräume nahebringen, sowie ein »Tal der Sinne«. Dort kann man barfuß diverse Untergründe begehen. Auf dem Auwaldpfad lockt eine lange Rutsche und ein Weidentunnel. Am spektakulärsten ist freilich der Baumkronenweg, auf dem man 480 Meter lang in 21 Meter Höhe über die Gipfel der Bäume spazieren kann. Nicht weit entfernt ist der Lechfall. Auf dem Bergwaldpfad kann man in eine Rindenhütte steigen oder auf einen Hochstand, auf einem Xylofon spielen und in einem Märchenwald spazieren.

✐ Die Erlebnispfade sind kinderwagen- und rollstuhlgeeignet, jederzeit kostenfrei zugänglich und mit 1,7 und 1,5 Kilometern Länge auch mit Kleineren möglich.

VERSUNKENE HÄUSER
UND VERSCHWUNDENE MUSICALS
Füssen – Forggensee und Festspielhaus

Da lobt man Ludwigs II., des Königs, guten Geschmack, weil ihm die Idee gekommen sei, sein Traumschloss Neuschwanstein so malerisch-romantisch über dem Forggensee errichten zu lassen. Nur: Zu jener Zeit war dort noch gar kein See. Lange davor gab es einen, den jetzigen gibt es seit den 50ern. Er ist das Ergebnis einer Stauung des Lechs. Romantisch malerisch konnte man an ihm nun das Festspielhaus Füssen errichten.

Nach der Würmeiszeit schmolz der Lechgletscher und hinterließ einen See, der im Lauf der Jahrtausende verlandete. Pläne, den Lech an dieser Stelle, wo schon ein Becken vorhanden war, für die Energiegewinnung zu stauen, existierten seit Anfang des 20. Jahrhunderts. Ihre Ausführung verhinderten zwei Weltkriege sowie einige heftige Bürgerproteste, die allerdings erfolglos waren. Am 2. Juli 1954 versanken die mehr als 50 Häuser des Weilers Forggen im Wasser und der Forggensee war neu entstanden. Die Kraftwerksgesellschaft zahlte den Bewohnern die Umsiedlung anderswohin. Heutzutage kann man lustige Schiffstouren auf dem See unternehmen.

Im Festspielhaus an seinem Ufer können 1.400 Zuschauer sitzen. Das Gebäude ist schön und auch schön gelegen, ein Besuch lohnt sich. Gebaut wurde es für ein Musical: *Ludwig II. – Sehnsucht nach dem Paradies* von dem Komponisten Franz Hummel und dem Textdichter Stephan Barbarino. Es hatte nach seiner Uraufführung am 7. April 2000 riesigen Erfolg. In drei Jahren sahen es 1,5 Millionen Zuschauer. Und es war nicht nur eine Touristenshow: Etliche Einheimische und Allgäuer sahen es sich sogar mehrmals an. Irgendwas muss schiefgelaufen oder falsch kalkuliert gewesen sein. Trotz guter Auslastung stellte man die Aufführungen ein. Auch den Nachfolger *Ludwig²* von Konstantin Wecker und Rolf Rettberg ereilte ein ähnliches Schicksal: Man kann das Stück in Füssen nicht mehr sehen. Inzwischen finden im Festspielhaus Gastspiele kleinerer und größerer Produktionen statt.

🖉 *Ludwig II. – Sehnsucht nach dem Paradies* war im Deutschen Theater München noch mal zu sehen und *Ludwig²* wurde für die *bigBOX* in Kempten neu inszeniert.

Was die Kristalltherme vielen von der Ausstattung vergleichbaren Thermen voraus hat, ist der Ausblick. Liegt man auf der Dachterrasse oder in der Panoramasauna, hat man die Königsschlösser und die mächtigen Berge, an die sie hingebaut wurden, vor Augen. Da kann man Maximilian II. und Ludwig II. schon verstehen, wenn sie sich in diesen Flecken Erde so verguckt haben, dass sie den Rest der Welt am liebsten dafür hergegeben hätten.

Im 12. Jahrhundert wurde zum ersten Mal die Burg *Schwanstein* in Schwangau erwähnt. Sie gehörte den stolzen Edlen von Schwangau, einem Rittergeschlecht, das in den folgenden Jahrhunderten nicht mehr zustande brachte als einen mittelbekannten Minnesänger und das komplette Herunterwirtschaften ihres Besitzes. Georg von Schwangau musste seine Burg 1440 verkaufen und verschwand anschließend im Dunkel der Geschichte und des Mittelalters. Knapp 400 Jahre später kaufte Maximilian II., der damals noch Kronprinz und nicht König war, die Burg, die nicht mehr Schwanstein, sondern Hohenschwangau hieß, und ließ sie von dem Theaterkulissenmaler Domenico Quaglio umbauen. Seine Familie verbrachte ihre Sommer hier und der kleine Prinz Ludwig fing beim Streifen durch die märchenhaft ausgemalten Räume an, seinen Traum von einem neuen Schwanstein zu träumen.

Und wir liegen jetzt in einem warmen Solebecken zu Füßen dieser Stein gewordenen Fantasie, haben teil daran, durchaus dankbar. Es wird noch bunter, wenn wir in die Edelstein-Meditationsgrotte abtauchen. Dafür wurden nicht weniger als fünf Tonnen Kristalle, Amethysten, Rosenquarze und Achate verwendet und mit Hintergrundbeleuchtung versehen. In der Eisnebelgrotte wird man mit einem feinen Minznebel besprüht und hernach mit Crushed-Eis eingerieben. Dann ist man wieder frisch. Wer es lieber exotisch will, soll sich in den Osmanischen Hamam, das türkische Bad, begeben. Dort wird der Besucher über einen Marmorstein gehörig zum Schwitzen gebracht.

🛁 Monatlich gibt es ein »Romantisches Vollmondschwimmen«, bei dem man von 19–23 Uhr einen nächtlichen Blick auf Schloss Neuschwanstein hat.

Gar keine Frage: Hohenschwangau ist König Ludwig II. Er erlebte inspirierende Kindheitstage auf dem Ritterburg-Imitat Hohenschwangau, das den Wittelsbachern als Sommersitz diente. Und ließ dann, als er groß war, sein eigenes Märchenschloss bauen: das Schlangensteher-Mekka Neuschwanstein, in dem sage und schreibe 1,3 Millionen Besucher im Jahr abgefertigt werden. Jeder will halt da mal drin gewesen sein.

So richtig befriedigt kommt aber keiner raus. Es ist, als ob sich das Glück eines Einzelnen an diesem Ding auf viele Millionen Besucher verteilte und das Bruchstück, das einem selbst bleibt, genügt bei Weitem nicht, all die Strapazen des stundenlangen Anstehens aufzuwiegen. Es lohnt sich schon, nach Hohenschwangau zu fahren, es lohnt sich auch, die Schlösser in der Landschaft zu bestaunen. Wer unbedingt noch wo reinwill, der soll ins ehemalige Hotel Alpenrose gehen. Das Jugendstilgebäude wurde renoviert, um ein Gewölbe aus Stahl und Glas erweitert und enthält nun das *Museum der bayerischen Könige*, in dem man anschaulich erfahren kann, dass das Haus Wittelsbach aus mehr Persönlichkeiten besteht als aus Ludwig II.

Franz Herzog von Bayern, der seit dem Tod seines Vaters Albrecht von Bayern im Jahr 1996 das Familienoberhaupt der Wittelsbacher ist, hatte die Idee, dieses Projekt zu verwirklichen. Das Geld kam vom Wittelsbacher Ausgleichsfonds, das Konzept stammt vom Haus der Bayerischen Geschichte. Im Zentrum steht die Königsfamilie. Man wird an Fragen entlanggeleitet, die einen vielleicht schon immer interessiert haben, zum Beispiel: »Was passierte mit den Wittelsbachern in der NS-Zeit?« oder »Wovon leben die Wittelsbacher eigentlich?«. Man kann auf einem Stammbaum der Familie gehen und etwas über Trachten, Musik und das Oktoberfest erfahren, weil all das eng mit der Geschichte des Königshauses verbunden ist. Relativ neu eingerichtet sind die Räume museumstechnisch auf neuestem Stand.

☞   Wer in die Schlösser will, dem sei geraten, seine Tickets vorzubuchen. Unter www.hohenschwangau.de/ticketcenter.o.html ist das möglich, kostet aber was.

FILME AUS DEM ALLGÄU

Leo Hiemer

Er ist den »Allgäuer Sonderweg« gegangen als Filmemacher. Leo Hiemer hat zusammen mit Klaus Gietinger im Jahr 1985 *Daheim sterben die Leut'* gedreht, einen Film, der wohl bis heute der bekannteste aus dem und über das Allgäu ist (Seite 83). Klaus Gietinger war es, der den 1954 in Maierhöfen geborenen Leo Hiemer während des gemeinsamen Zivildiensts angesteckt hat. Die beiden arbeiteten in einer Kurklinik. »Klaus Gietinger war ein Cineast. Beim Geschirrspülen hat er immer von seinen Lieblingsfilmen erzählt«, sagt Leo Hiemer. »Irgendwann hat er seine Super-8-Kamera dabeigehabt.«

Die zwei drehten in der Zeit ihre ersten Kurzfilme. »Am Ende des Studiums machten wir den ersten Film fürs Fernsehen, das war das Sprungbrett ins Profilager.« Leo Hiemer studierte Germanistik und Geschichte auf Lehramt. Als er sein Examen hatte, waren die Einstellungschancen für Lehrer extrem schlecht, deswegen lag es nahe, sich als Regisseur und Drehbuchautor selbstständig zu machen. »Bewegte Bilder mit Ton zu machen war damals einer Elite vorbehalten«, beschreibt er die Zeit und: »Die Welt war einfacher. Die Finanzierung für einen Film stand nach eineinhalb Jahren.« Ohne eine Ausbildung an einer Filmhochschule legten die beiden einen Traumstart hin.

Ihr erster Film fürs Fernsehen gehörte zur Reihe *Das kleine Fernsehspiel* im ZDF und hatte ein Budget von 300.000 Mark. Beim nächsten, *Daheim sterben die Leut'*, mussten sie mit einem Drittel auskommen. Der Film machte die beiden Regisseure legendär. Für ihn quartierte sich die gesamte Crew in einem Bauernhof ein, auf dem die meisten Szenen gedreht wurden. Noch als Studenten hatten Leo Hiemer und Klaus Gietinger das Drehbuch innerhalb von vier Wochen entworfen. Für die *Westallgäuer Filmproduktion* (WAF), die sie 1981 gründeten, war der Film der größte Erfolg. 400.000 Zuschauer sahen ihn im Kino. Danach drehten die zwei Filmemacher, mit größerem Budget und Schauspielern wie Ottfried Fischer, Edgar Selge und Gottfried John, *Schön war die Zeit*, einen Film über das Filmmilieu im Allgäu nach dem Krieg. 1991 schließlich war Schluss mit der WAF.

»Beide wollten beweisen, dass sie auch alleine Filme machen können«, erklärt Leo Hiemer. Klaus Gietinger ging weg und drehte unter anderem mehrere Tatorte. Leo Hiemer blieb im Allgäu: »Am wohlsten fühle ich mich mit Stoffen aus meiner Umgebung. Ich bin auf einem Bauernhof aufgewachsen und wollte am liebsten weg. Ich habe mich gedrückt, so oft es ging, und Fernsehen geschaut. Es ist Ironie des Schicksals, dass ich jetzt als Filmemacher so viel mit Bauern zu tun habe.« 1994 drehte er mit *Leni … muss fort* einen Film über Gabriele Schwarz, ein jüdisches Mädchen, das in Stiefenhofen vor den Nazis Schutz fand, später deportiert wurde und in Auschwitz starb (Seite 85). *Komm, wir träumen* aus dem Jahr 2004 erzählt von einem geistig behinderten Mädchen, das sich in einen Zivi verliebt.

Leo Hiemers Anspruch ist sehr klar: »Ein Film sollte eine künstlerische Identität haben. Du findest eine Geschichte, aus deiner Idee machst du ein Drehbuch, und aus dem machst du deinen Film, bis zum letzten Bild.« Er will die Kontrolle behalten. Zwei bis drei Jahre vergehen von der Idee bis zum Dreh; so lange dauert es heute, bis die Finanzierung steht. »Ein Kinofilm, bei dem alle Beteiligten anständig bezahlt werden, ist heutzutage unter drei Millionen Euro nicht mehr möglich.«

Deswegen beschäftigt sich Leo Hiemer, der in Kaufbeuren lebt, zwischendurch mit anderen Herzensprojekten, etwa einer Dokumentation über den Allgäuer Käse- und Tourismus-Pionier Carl Hirnbein (Seiten 25, 45 und 47), einer Wanderausstellung über Gabriele Schwarz und der Dokumentation *Heimat unter Strom* über die Energiewende.

BILDNACHWEIS

Wolfgang B. Kleiner 12, 13, 54, 56, 58, 60, 62, 130, 134, 135, 162, 180; Hörnerdörfer Tourismus 14; Marc Hertlein 16; Georg Gründl 18; Stadtverwaltung Immenstadt 20; Andreas Baar 22; Leo Hiemer 24, 44, 46, 82, 84, 182, 183, 185; Filmgalerie 451 26; Peter und Heike Ulbrich, Gästeinformation und Kulturamt Altusried 28; Stadt Kempten (Allgäu) 30; Wendejacken 32; Mit freundlicher Genehmigung der AÜW, Foto: Brigida González 34; Cambomare 36; Alois Silberbauer 38; Willibald Spatz 40, 42, 86, 88, 96, 108, 120, 122, 124, 138, 142, 154, 158; Gästeinformation Burgberg i. Allgäu 48; Erlebniswelt am Grünten/Gabriele Fischer 50; Wonnemar 52; Fischen/Tanner Werbung 64; Hörnerdörfer Tourismus/Sebastian Pflederer 66; Tourismus Oberstdorf 68; Photographie Monschau Hans Wiesenhofer 70; Andi Mayr 72, 74; Rainer von Vielen 77; Wangen, Fotograf: Julian Monschke 78, 79, 90; ProLindau Marketing GmbH & Co. KG. 80; Wolfegg Bauernhaus-Museum 92; Kurverwaltung Bad Wurzach 94, 98; Werner Specht 100, 101, 103; Stadt Memmingen 104, 105, 110; Nautilla 106; MEWO-Kunsthalle 112; Pressestelle der Stadt Memmingen/Forster 114; Touristikamt Ottobeuren 116; Dampfsäg 118; Therme Bad Wörishofen 126; Filmhaus Huber 128; Maxi Schafroth 133; Schwäbisches Tagungs- und Bildungszentrum 136; Liegenschaftsverwaltung Kaufbeuren 140; Märchenwald Schongau 144; Kommunalunternehmen Plantsch Badespaß und Saunaland 146; Touristikverein Marktoberdorf e. V. 148; Ralph Feiner 150; Stadt Marktoberdorf 152; Tourist-Informtion Bernbeuren 156; Tourist-Information Seeg 160; Alpspitz-Bade-Center (ABC) 164; Pfronten Tourismus/E. Reiter 166, 168; Füssen Tourismus und Marketing/www.guenterstandl.de 170, 172, 176; Füssen Tourismus und Marketing/Andreas Hub 174; Werbeagentur Schmitz GmbH 178

DANKE AN

Steffi Baldauf, Tobias Fuchsgruber, München; Petra und Tim Stegmann, Thalhofen; Wolfgang B. Kleiner, Steppach; Leo Hiemer, Kaufbeuren; Barbara Kugelbrey, Wald; Familie Silberbauer, Wertach; Werner Specht, Lindenberg

WILLIBALD SPATZ
Alpenwürstchen
· ·
978-3-8392-1689-7 (Paperback)
978-3-8392-4655-9 (pdf)
978-3-8392-4654-2 (epub)

»Ein Städter auf dem Land …«

Birne hat alles verloren: Job, Frau, Freunde. Ohne Perspektive lässt er sich in einem öden Kaff nieder. Bei einem Unfall fährt er beinahe eine Fremde über den Haufen. Aus Dankbarkeit, noch am Leben zu sein, verbringt sie mit ihm einen schönen Abend und eine tolle Nacht. Diese Begegnung verändert alles: Seine Hoffnung kommt zurück. Doch leider ist da noch ein Mann, der in seiner Eifersucht nur ein Ziel kennt: Birne die Haut abzuziehen. Birne hat alle Hände voll zu tun, um nicht selbst die Leiche im eigenen Fall zu werden …

GMEINER SPANNUNG

WWW.GMEINER-VERLAG.DE
Wir machen's spannend

WILLIBALD SPATZ
Alpenburger

· ·

978-3-8392-1443-5 (Paperback)
978-3-8392-4199-8 (pdf)
978-3-8392-4198-1 (epub)

»Ein Leckerli aus dem Allgäu!«
Tiroler Tageszeitung

Birne verschlägt es wieder ins Allgäu. Bei einem Klassentreffen am idyllischen Schwaltenweiher trifft er alte Freunde. Es wird gelacht, gelästert, getrunken, gefeiert und geknutscht. Und am nächsten Tag liegt einer tot im Wasser. Ein dummer Unfall, wie es scheint. Doch Birne bleibt vor Ort und wühlt längst vergessen geglaubte Geschichten auf. Was er zutage fördert, wird schließlich zur schrecklichen Gefahr für ihn und seine Lieben.

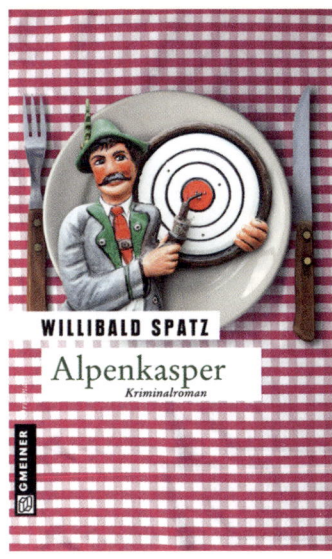

WILLIBALD SPATZ

Alpenkasper

· ·

978-3-8392-1175-5 (Paperback)
978-3-8392-3739-7 (pdf)
978-3-8392-3738-0 (epub)

»Ein neuer Fall für Bayerns schrägsten Ermittler!«

Panik in Augsburg. Birne ist verschwunden! Und das kurz vor seiner Hochzeit mit Katharina. Zum Glück gibt es da Jakob, Birnes Bruder. Der macht sich auch gleich auf die Suche. Doch seine einzige heiße Spur ist schnell kalt: Ein Rentner, zu dem Birne zuletzt Kontakt hatte, wird vor seinen Augen ermordet. Was hat der dubiose Heilpraktiker Lugner, den Jakob auf einer Premierenparty im Stadttheater kennenlernt, mit der Sache zu tun? Warum verhält sich Katharina so seltsam? Und wieso werden Birnes Kollegen auf einem Schützenfest fast gelyncht? Fragen über Fragen, auf die nur einer die Antworten weiß: Birne – Augsburgs letzter Krimiheld!

GMEINER SPANNUNG

WWW.GMEINER-VERLAG.DE
Wir machen's spannend

Mit Stadtporträts die Heimat neu entdecken!

Was macht eine Stadt aus? Die Architektur? Die Sehenswürdigkeiten? Nein, es sind die Menschen, die einer Stadt ihr Gesicht verleihen und sie zu dem machen, was sie ist. Unsere Stadtgespräche stellen diese Menschen und ihre Geschichten in Bild und Wort vor. Originale und Prominente erzählen ebenso wie Leute von nebenan Anekdoten, Kurioses und Überraschendes aus ihrer Heimat. Aus den vielen persönlichen Mosaiksteinchen entsteht ein einzigartiges Porträt der Stadt – bunt, lebendig und menschlich.

Unsere Lieblingsplätze 2016

978-3-8392-1873-0

978-3-8392-1898-3

978-3-8392-1899-0

978-3-8392-1867-9

978-3-8392-1870-9

978-3-8392-1869-3

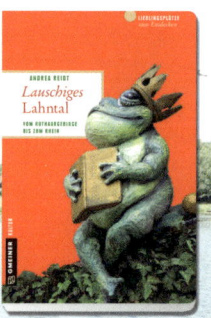

978-3-8392-1875-4

978-3-8392-1874-7

978-3-8392-1871-6

978-3-8392-1872-3

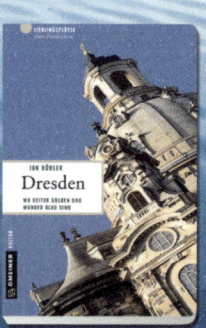

978-3-8392-1283-7

978-3-8392-1901-0